Sprachniveau

# A1+

Anne Buscha · Szilvia Szita

# Begegnungen
## Deutsch als Fremdsprache

## Integriertes Kurs- und Arbeitsbuch
### Sprachniveau A1+

Teilband 1

Mit Zeichnungen von Jean-Marc Deltorn

SCHUBERT
Verlag

Das vorliegende Lehrwerk beinhaltet Hörtexte.

 Hörtext

Die Hörmaterialien stehen in unserer App **SCHUBERT-Audio**
und auf unserer Website unter **schubert-verlag.de/medien**
zum Download zur Verfügung.

 Dieses Buch wurde hergestellt mit 100 % Ökostrom aus
ökologischer Erzeugung, welcher durch den TÜV Nord
und das ok-Power-Label zertifiziert ist.

Es ist gedruckt auf zertifiziertem Papier aus nachhaltigen
und verantwortungsvollen Quellen.

Redaktion:          Albrecht Klemm
Layout und Satz:    Regina Lang, Diana Liebers
Zeichnungen:        Jean-Marc Deltorn

Die Hörtexte wurden gesprochen von:
Patrick Becker, Burkhard Behnke, Claudia Gräf,
Caroline Hassert, Beatrix Hermens, Philipp Oehme,
Susanne Prager, Axel Thielmann

© SCHUBERT-Verlag, Leipzig
1. Auflage 2021
Alle Rechte vorbehalten
Printed in Germany
ISBN: 978-3-96915-006-1

Wachsmuthstr. 10a
D-04229 Leipzig
produkt@schubert-verlag.de

# Inhaltsverzeichnis

# Kursübersicht

# Vorwort

**Begegnungen A1+** ist ein modernes und kommunikatives Lehrwerk für den Anfängerunterricht. Es richtet sich an erwachsene Lerner, die auf schnelle und effektive Weise Deutsch lernen möchten. Das Lehrbuch berücksichtigt die sprachlichen, inhaltlichen und intellektuellen Anforderungen erwachsener Lerner bereits auf dem Niveau A1 des Europäischen Referenzrahmens für Sprachen.

**Begegnungen A1+** bietet:

- **einen klar strukturierten Aufbau**
  Die Kapitel des Buches sind in jeweils vier Teile gegliedert:

  **Teil A:** Themen und Aufgaben *(obligatorischer Teil)*
  Dieser Teil umfasst Lese- und Hörtexte, Dialogübungen, Wortschatztraining, Grammatik- und Phonetikübungen zu einem Thema. Hier werden grundlegende Fertigkeiten einführend behandelt und trainiert.

  **Teil B:** Wissenswertes *(fakultativer Teil)*
  Im Teil B finden Sie landeskundliche Texte, Grafiken und Quizaufgaben als Sprechanlässe, die auf interessante Weise das Thema erweitern und landeskundliche Einblicke vermitteln. Teil B geht über die Anforderungen des Europäischen Referenzrahmens hinaus, ist aber durchaus bereits auf diesem sprachlichen Niveau zu bewältigen.

  **Teil C:** Übungen zu Wortschatz und Grammatik
  Dieser Teil ermöglicht mit zahlreichen Übungen die Vertiefung der Wortschatz- und Grammatikkenntnisse. Er enthält auch systematisierende Grammatikübersichten.

  **Teil D:** Rückblick
  Teil D besteht aus drei Komponenten: Redemittel, Verben und Selbstevaluation. Er dient zur Festigung des Gelernten und zur Motivation weiterzulernen.

- **die Integration von Lehr- und Arbeitsbuch in einem Band**
  Dadurch sind Vermittlung sowie Training und Übung des sprachlichen Materials eng miteinander verflochten. Das ist unkompliziert, praktisch und ermöglicht effektives Lernen.

- **eine anspruchsvolle Progression**
  Mit dem Buch gibt es keine Langeweile. Die Progression ist auf erwachsene Lerner abgestimmt, die erkennbare Lernerfolge erzielen möchten. Ein durchdachtes Wiederholungssystem sorgt für die Nachhaltigkeit der sprachlichen Fortschritte.

Die vorliegende Ausgabe von **Begegnungen A1+** besteht aus zwei Teilbänden mit jeweils vier Kapiteln: Teilband 1 – Kapitel 1 bis 4; Teilband 2 – Kapitel 5 bis 8. Jeder Teilband enthält einen Anhang mit den Lösungen zu den Übungen. Teilband 2 beinhaltet außerdem einen Vorbereitungstest auf die Sprachprüfung und eine zusammenfassende Übersicht der behandelten Strukturen. Die Hörtexte stehen kostenfrei in unserer App SCHUBERT-Audio sowie online auf unserer Website zur Verfügung.

Die Reihe **Begegnungen** führt in sechs Teilbänden bzw. in drei Vollbänden zum Niveau B1 des Europäischen Referenzrahmens für Sprachen und bereitet mit einem umfangreichen und anspruchs-vollen Aufgabenangebot auf alle Sprachprüfungen vor. Die Lehr- und Arbeitsbücher werden ergänzt durch Lehrerhandbücher, die zahlreiche Arbeitsblätter und Tests zu den einzelnen Kapiteln enthalten, sowie ein Glossar zum Sprachniveau A1. Außerdem werden vielfältige Zusatzmaterialien, wie zwei-sprachige Redemittellisten, im Internet auf der Seite begegnungen-deutsch.de bereitgestellt. Die Lehrwerke der Reihe sind auch digital als interaktive Ausgaben erhältlich, wozu Sie unter schubert-verlag.de/digital weitere Informationen finden.

Wir wünschen Ihnen viel Freude beim Lernen und Lehren.

Anne Buscha und Szilvia Szita

# Guten Tag!

## Kommunikation

- Begrüßen
- Sich und andere vorstellen
- Buchstabieren
- Zählen

## Wortschatz

- Angaben zur Person: Name, Alter, Familie
- Länder
- Städte
- Berufe
- Sprachen
- Hobbys
- Zahlen

## Sich vorstellen/Länder/Berufe

Guten Morgen!

Guten Tag! ▪ Hallo!

Guten Abend!

**A1** **Sich vorstellen**
Hören und lesen Sie.

Guten Morgen.
Ich heiße Franziska Binder.
Ich bin 37 Jahre alt. Ich wohne in Wien.
Ich bin Lehrerin. Meine Muttersprache ist Deutsch.
Ich spreche auch Spanisch und Englisch.

Guten Tag.
Mein Name ist Peter Heinemann.
Ich bin 35 Jahre alt.
Ich komme aus Marburg. Ich bin Informatiker.
Meine Muttersprache ist Deutsch.
Ich lerne jetzt Japanisch.

Hallo.
Mein Vorname ist Sarah. Mein Familienname ist Mounier.
Ich bin 22 Jahre alt. Ich komme aus Frankreich.
Ich bin Studentin. Ich studiere in Paris Medizin.
Meine Muttersprache ist Französisch.
Ich spreche sehr gut Englisch und ein bisschen Spanisch.

## A2 Fragen und Antworten
Hören und wiederholen Sie.

| | | |
|---|---|---|
| Wie heißen Sie? | Ich heiße Franziska Binder. | Mein Name ist Peter Heinemann. |
| Wie ist Ihr Vorname? | Mein Vorname ist Franziska. | Mein Vorname ist Peter. |
| Wie ist Ihr Familienname? | Mein Familienname ist Binder. | Mein Familienname ist Heinemann. |
| Wie alt sind Sie? | Ich bin 37 Jahre alt. | Ich bin 35 Jahre alt. |
| Woher kommen Sie? | Ich komme aus Österreich. | Ich komme aus Deutschland. |
| Wo wohnen Sie? | Ich wohne in Wien. | Ich wohne in Marburg. |
| Was sind Sie von Beruf? | Ich bin Lehrerin. | Ich bin Informatiker. |
| Welche Sprachen sprechen Sie? | Meine Muttersprache ist Deutsch. Ich spreche auch Spanisch und Englisch. | Meine Muttersprache ist Deutsch. Ich lerne jetzt Japanisch. |

## A3 Länder
Hören und lesen Sie.

Ich komme aus: Italien ▪ Frankreich ▪ Schweden ▪ Dänemark ▪ Großbritannien ▪ Polen ▪ Russland ▪ Spanien ▪ Portugal ▪ Brasilien ▪ China ▪ Japan ▪ Belgien ▪ Rumänien ▪ Slowenien ▪ Indien ▪ Ungarn ▪ Irland ▪ Griechenland.

aber: Ich komme aus: der Türkei
der Ukraine
der Schweiz
den USA
den Niederlanden.

Und Sie? Woher kommen Sie? .....................................................

## A4 Woher kommen die Personen?
Fragen und antworten Sie. Hören Sie danach die Lösungen.

W. A. Mozart = er
Madame Tussaud = sie

**Woher kommt Wolfgang Amadeus Mozart?**

Wolfgang Amadeus Mozart kommt aus Österreich.
Er kommt aus Österreich.

**Woher kommt Madame Tussaud?**

Madame Tussaud kommt aus Frankreich.
Sie kommt aus Frankreich.

Wolfgang Amadeus Mozart

Frédéric Chopin

Clara Schumann

Sigmund Freud

- Frankreich
- China
- Südafrika
- Schweden
- Polen
- Österreich
- Spanien

- Russland
- England
- Japan
- Deutschland
- Italien
- Indien
- Chile

- Sigmund Freud
- Clara Schumann
- Leonardo da Vinci
- Joanne K. Rowling
- Pablo Picasso
- Leo Tolstoi
- Alfred Nobel

- Frédéric Chopin
- Isabel Allende
- Coco Chanel
- Konfuzius
- Nelson Mandela
- Mahatma Gandhi
- Haruki Murakami

Alfred Nobel

Coco Chanel

**A5** **Wer sind Sie?**
Antworten Sie.

| Wie heißen Sie? | *Ich* ............................................................... |
| Wie ist Ihr Vorname? | *Mein Vorname* ........................................... |
| Wie ist Ihr Familienname? | *Mein Familienname* ................................. |
| Woher kommen Sie? | ...................................................................... |
| Wo wohnen Sie? | ...................................................................... |

**A6** **Phonetik: Satzmelodie**
Hören und wiederholen Sie. Achten Sie auf die Satzmelodie.

Ich heiße Franziska Binder. ↘          Und Sie? ↗ Wie heißen Sie? ↗
Mein Name ist Peter Heinemann. ↘    Wo wohnen Sie? ↗
Ich wohne in Marburg. ↘

**A7** **Interview**
Fragen Sie Ihre Nachbarin/Ihren Nachbarn und berichten Sie.

Wie heißen Sie? Wie heißt du?
Woher kommen Sie? Woher kommst du?
Wo wohnen Sie? Wo wohnst du?

*Meine Nachbarin/Mein Nachbar heißt* ...................................

*Sie/Er kommt aus* .....................................................................

*Sie/Er wohnt in* ........................................................................

Wie heißen Sie? *(formell)*
Wie heißt du? *(informell)*

meine Nachbarin = sie
mein Nachbar = er

## Das Alphabet

**A8** **Buchstaben**
Hören und wiederholen Sie.

| A [aː] | B [beː] | C [tseː] | D [deː] | E [eː] | F [ɛf] | G [geː] | H [haː] | I [iː] |
|---|---|---|---|---|---|---|---|---|
| J [jɔt] | K [kaː] | L [ɛl] | M [ɛm] | N [ɛn] | O [oː] | P [peː] | Q [kuː] | R [ɛr] |
| S [ɛs] | T [teː] | U [uː] | V [faʊ̯] | W [veː] | X [ɪks] | Y [ˈʏpsilɔn] | Z [tsɛt] | |

| Besondere Buchstaben: | Ä [ɛː] | Ö [øː] | Ü [yː] | ß [ɛstsˈɛt] |
|---|---|---|---|---|

**A9** **Wie heißen die Leute?**
Hören und schreiben Sie.

■ *Müller*

1. ...................................................
2. ...................................................
3. ...................................................

4. ...................................................
5. ...................................................
6. ...................................................
7. ...................................................

**A10** **In welchem Land ist die Stadt?**
Fragen und antworten Sie. Buchstabieren Sie die Namen der Städte.

Düsseldorf ▪ München ▪ Paris ▪ Athen ▪ Bukarest ▪ Budapest ▪ Venedig ▪ Peking ▪ Wien ▪ Porto ▪ London ▪ Stockholm ▪ Brüssel ▪ Kopenhagen ▪ Köln

Woher kommen Sie? ——————▶ *Ich komme aus Düsseldorf. Ich buchstabiere: D–ü–s–s–e–l–d–o–r–f.*

Wo ist Düsseldorf? ——————▶ *Düsseldorf ist in Deutschland.*

**A11** **Persönliche Informationen**
Buchstabieren Sie.

Wie heißen Sie? *(Buchstabieren Sie Ihren Namen.)* ...............................................................

Woher kommen Sie? *(Buchstabieren Sie Ihre Heimatstadt.)* ...............................................................

In welchem Land ist Ihre Heimatstadt? *(Buchstabieren Sie Ihr Land.)* ...............................................................

**A12** **Berufe**
Hören und ergänzen Sie.

*Ich bin Lehrer.*

...................................................

Ingenieur

Mathematiker

...................................................

...................................................

...................................................

Student

Taxifahrer

Assistent

*Ich bin Lehrerin.*

Kellnerin

...................................................

...................................................

Managerin

Architektin

Ärztin

...................................................

...................................................

...................................................

**A13** **Wie heißen die Berufe?**
Ergänzen Sie die maskuline oder feminine Form.

Informatiker ▪ Ingenieur ▪ Ärztin ▪ Chemiker ▪ Musikerin ▪ Juristin ▪ Physiker ▪ Philosoph ▪ Malerin ▪ Journalist

■ Ich studiere Medizin. *Später bin ich Arzt/Ärztin.*

1. Johann studiert Chemie. *Später ist er* ...........................................................

2. Marie studiert Jura. *Später ist sie* ...........................................................

3. Andreas studiert Informatik. ...........................................................

4. Ich studiere Ingenieurwesen. ...........................................................

5. Michael studiert Physik. ...........................................................

6. Ich studiere Philosophie. ...........................................................

7. Franziska studiert Malerei. ...........................................................

8. Anika studiert Musik. ...........................................................

9. Otto studiert Journalistik. ...........................................................

**A14** **Welche Berufe passen?**
Ordnen Sie zu.

Architekt/Architektin • Maler/Malerin • Koch/Köchin • Mechaniker/Mechanikerin • Polizist/Polizistin
Arzt/Ärztin • Ingenieur/Ingenieurin • Kellner/Kellnerin

1 ............................

2 ............................

3 ............................

4 ............................

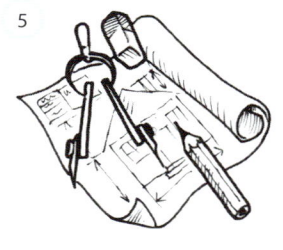

5 ............................

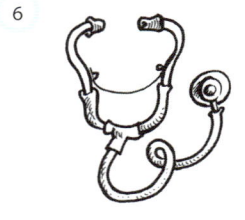

6 ............................

7 ............................

8 ............................

Und Sie? Was sind Sie von Beruf? ....................................................

**A15** **Konjugation der Verben**
Ergänzen Sie die Endungen.                                    ⇨ Teil C Seite 25

|          |          | kommen   | wohnen  | heißen   | sein |
|----------|----------|----------|---------|----------|------|
| Singular | ich      | komm...... | wohn*e* | heiß...... | bin  |
|          | du       | komm*st*  | wohn...... | heiß*t* ! | bist |
|          | er/Peter | komm*t*   | wohn...... | heiß...... | ist  |
|          | sie/Sarah | komm...... | wohn...... | heiß...... | ist  |
| Plural   | sie      | komm...... | wohn*en* | heiß...... | sind |
| formell  | Sie      | komm...... | wohn...... | heiß*en*  | sind |

**A16** **Verben**
Ergänzen Sie.

 Frau Binder *wohnt* in Berlin. *(wohnen)*

1. Sarah ..................... aus Frankreich. *(kommen)*

2. Ich ..................... Rudi Zöllner. *(heißen)*

3. Wie ..................... du? *(heißen)*

4. Herr Heinemann ........... Informatiker. *(sein)*

5. Sarah und Gilles ............... in Paris. *(wohnen)*

6. Woher ..................... Sie? *(kommen)*

7. Was ..................... Sie von Beruf? *(sein)*

8. Ich ..................... Lehrerin. *(sein)*

9. Wo ..................... du? *(wohnen)*

10. Ich ..................... Medizin. *(studieren)*

11. Wie ..................... Sie? *(heißen)*

12. Woher ..................... du? *(kommen)*

## Sprachen und Länder

### A17 Sprachen
Ordnen Sie die Sprachen zu. Lesen Sie laut.

Portugiesisch · Englisch · Arabisch · Russisch · Türkisch · Rumänisch · Ungarisch · Griechisch · Polnisch · Japanisch · Tschechisch · Chinesisch · Französisch · Spanisch

| In | Spanien | spricht man | *Spanisch.* |
|----|---------|-------------|-------------|
| In | Griechenland | spricht man | ..................... |
| In | Russland | spricht man | ..................... |
| In | Japan | spricht man | ..................... |
| In | Tschechien | spricht man | ..................... |
| In | Ungarn | spricht man | ..................... |
| In | China | spricht man | ..................... |
| In | Großbritannien | spricht man | ..................... |
| In | Polen | spricht man | ..................... |
| In | Mexiko | spricht man | ..................... |
| In | Portugal | spricht man | ..................... |
| In den | USA | spricht man | ..................... |
| In | Rumänien | spricht man | ..................... |
| In der | Türkei | spricht man | ..................... |
| In | Tunesien | spricht man | ..................... |
| In | Kanada | spricht man | ..................... |
| In | Algerien | spricht man | ..................... |

**sprechen**

| | | |
|---------|----------|----------|
| Singular | ich | spreche |
| | du | sprichst |
| | er/Peter | spricht |
| | sie/Sarah | spricht |
| Plural | sie | sprechen |
| formell | Sie | sprechen |

### A18 Phonetik: sch [ʃ] und sp [ʃp]
Hören und wiederholen Sie.

**sch [ʃ]**

Schweden – die Schweiz

Russisch – Englisch – Arabisch – Rumänisch
Türkisch – Polnisch – Französisch – Ungarisch

**sp [ʃp]**

sprechen – Spanisch – Sprache – Spanien

Was ist Ihre Muttersprache? ↗ Welche Sprachen sprechen Sie? ↗
Sprechen Sie Spanisch? ↗ Sprichst du Polnisch? ↗

### A19 Sprechen Sie …?
Antworten Sie.

Sprechen Sie Spanisch?
*Nein, leider nicht. Ich spreche nur Deutsch und Englisch.*
*Ja, ich spreche gut/ein bisschen Spanisch.*

Sprichst du Türkisch? *Nein, leider nicht. Ich* ..................................

Spricht Maria Schwedisch? *Ja,* ..................................

Spricht Paul Japanisch? *Ja,* ..................................

Sprichst du Französisch? *Nein,* ..................................

Spricht Frau Müller Polnisch? *Nein,* ..................................

Sprichst du Russisch? *Ja,* ..................................

Sprechen Sie Griechisch? *Ja,* ..................................

Sprichst du Deutsch? *Ja,* ..................................

Sprechen Klaus und Marie Arabisch? *Nein,* ..................................

Ich
spreche
*sehr gut*
*gut*
*ein bisschen*
Spanisch.

**A20** **Ihre Muttersprache**
Fragen Sie Ihre Nachbarin/Ihren Nachbarn.

Was ist deine Muttersprache? Was ist Ihre Muttersprache?
Welche Sprachen sprichst du? Welche Sprachen sprechen Sie?

Ich komme aus .........................

Meine Muttersprache ist .........................

Ich spreche auch ......................... und .........................

Mein Nachbar kommt aus .........................

Seine Muttersprache ist .........................

Er spricht auch ......................... und .........................

Meine Nachbarin kommt aus .........................

Ihre Muttersprache ist .........................

Sie spricht auch ......................... und .........................

| Possessivartikel | ⇨ Teil C Seite 29 | |
|---|---|---|
| ich | → meine | Muttersprache |
| du | → deine | Muttersprache |
| er | → seine | Muttersprache |
| sie | → ihre | Muttersprache |
| Sie | → Ihre | Muttersprache |

**A21** **Phonetik: Diphthong – ei [ai]**
Hören und wiederholen Sie.

ein – heißen – mein – dein – Heinemann – Heimatstadt – Schweiz – Malerei – Türkei

Wie heißen Sie? ↗          Ich heiße Peter Heinemann. ↘
Was ist deine Muttersprache? ↗          Meine Muttersprache ist Deutsch. ↘
Meine Heimatstadt ist Bern. ↘          Ich komme aus der Schweiz. ↘
Mein Nachbar heißt Pedro. ↘          Er studiert Malerei. ↘
Ich komme aus der Türkei. ↘          Meine Muttersprache ist Türkisch. ↘

**A22** **Aus welchem Land kommt das Flugzeug?**
Bilden Sie Sätze.

| | |
|---|---|
| Barcelona | *Das Flugzeug kommt aus Spanien.* |
| Kopenhagen | ............................................. |
| Tokio | ............................................. |
| Hamburg | ............................................. |
| Oslo | ............................................. |
| Budapest | ............................................. |
| London/Heathrow | ............................................. |
| Thessaloniki | ............................................. |
| Istanbul | ............................................. |
| Peking | ............................................. |
| Lissabon | ............................................. |
| Athen | ............................................. |
| Neu-Delhi | ............................................. |
| Stockholm | ............................................. |
| Amsterdam | ............................................. |
| Warschau | ............................................. |

## Die Zahlen

**A23** **Die Zahlen**
Hören und wiederholen Sie.

| | | | |
|---|---|---|---|
| 0 null | 10 zehn | 20 zwanzig | 30 dreißig |
| 1 eins | 11 elf | 21 einundzwanzig | 40 vierzig |
| 2 zwei | 12 zwölf | 22 zweiundzwanzig | 50 fünfzig |
| 3 drei | 13 dreizehn | 23 dreiundzwanzig | 60 sechzig |
| 4 vier | 14 vierzehn | 24 vierundzwanzig | 70 siebzig |
| 5 fünf | 15 fünfzehn | 25 fünfundzwanzig | 80 achtzig |
| 6 sechs | 16 sechzehn | 26 sechsundzwanzig | 90 neunzig |
| 7 sieben | 17 siebzehn | 27 siebenundzwanzig | 100 (ein)hundert |
| 8 acht | 18 achtzehn | 28 achtundzwanzig | 101 einhundert(und)eins |
| 9 neun | 19 neunzehn | 29 neunundzwanzig | 121 einhunderteinundzwanzig |
| | | | 1000 eintausend |
| | | | 10000 zehntausend |

**A24** **Flüge**
Hören Sie und notieren Sie die Zahlen. Lesen Sie die Zahlen dann laut.

Der Flug LH 4077 aus Florenz landet in *10* Minuten.
Der Flug LH 4383 aus Toulouse landet in ......... Minuten.
Der Flug LH 663 aus Moskau landet in ......... Minuten.
Der Flug LH 1108 aus Zürich landet in ......... Minuten.
Der Flug LH 2583 aus Warschau landet in ......... Minuten.
Der Flug LH 2442 aus Porto landet in ......... Minuten.

**A25** **Zahlen sprechen**
Sprechen und hören Sie die Zahlen.

| 5 | 13 | 22 | 7 | 3 | 12 | 15 | 26 | 30 | 34 | 42 | 1 | 80 |
|---|---|---|---|---|---|---|---|---|---|---|---|---|
| 19 | 8 | 6 | 70 | 77 | 100 | 2 | 109 | 53 | 64 | 82 | 43 | 91 |

**A26** **Welche Telefonnummer hat …?**
Nennen Sie die Telefonnummern. Spielen Sie kleine Dialoge.

die Polizei 110 ▪ die Feuerwehr 112 ▪ der Notarzt 112 ▪ die Auskunft 11833 ▪ Petra 99 64 58 ▪ Steffi 76 54 83 ▪ Herr Lange 88 98 64 ▪ Frau Kirsch 24 53 67 ▪ Frau Hirsch 87 63 20 ▪ Herr Edel 53 74 16 ▪ Ihre Nachbarin/ Ihr Nachbar

Welche Telefonnummer hat Herr Meier?
Herr Meier hat die Nummer *23 94 75.*
*zwei – drei – neun – vier – sieben – fünf* oder
*dreiundzwanzig – vierundneunzig – fünfundsiebzig*

Welche Telefonnummer hat Frau Körner?
Frau Körner hat die Nummer *56 12 43.*
*fünf – sechs – eins – zwei – vier – drei* oder
*sechsundfünfzig – zwölf – dreiundvierzig*

**A27** **Sind die Zahlen richtig?**
Kreuzen Sie an: *ja* oder *nein*. Korrigieren Sie.

|  |  | ja | nein | Korrektur |  |  | ja | nein | Korrektur |
|---|---|---|---|---|---|---|---|---|---|
| ■ | 542 | ☐ | ✗ | *524* | 5. | 20837 | ☐ | ☐ | ............. |
| 1. | 75 | ☐ | ☐ | ............. | 6. | 9645 | ☐ | ☐ | ............. |
| 2. | 685 | ☐ | ☐ | ............. | 7. | 767 | ☐ | ☐ | ............. |
| 3. | 1453 | ☐ | ☐ | ............. | 8. | 10765 | ☐ | ☐ | ............. |
| 4. | 23 | ☐ | ☐ | ............. | 9. | 13986 | ☐ | ☐ | ............. |

**A28** **Wie viel ist …?**
Kleine Mathematikstunde. Schreiben Sie die Zahlen als Worte.

+ plus / − minus / = ist (gleich)

| ■ | 7 | + | 3 | = | *zehn* (sieben plus drei ist zehn) |
|---|---|---|---|---|---|
| 1. | 9 | − | 5 | = | ................................. |
| 2. | 15 | − | 8 | = | ................................. |
| 3. | 24 | + | 17 | = | ................................. |
| 4. | 12 | + | 12 | = | ................................. |
| 5. | 38 | − | 18 | = | ................................. |
| 6. | 7 | + | 14 | = | ................................. |
| 7. | 6 | + | 35 | = | ................................. |
| 8. | 43 | − | 13 | = | ................................. |
| 9. | 30 | − | 18 | = | ................................. |
| 10. | 77 | − | 53 | = | ................................. |
| 11. | 93 | − | 40 | = | ................................. |

**A29** **Woher kommt das Auto?**
Lesen Sie die Autokennzeichen.

das Auto = es

| | | |
|---|---|---|
| ▪ L – BD 6999 | ▪ B – CP 2231 | ▪ S – AA 4113 |
| ▪ M – HK 3850 | ▪ H – MM 7683 | ▪ EF – KJ 581 |
| ▪ BN – BL 393 | ▪ F – TE 2544 | ▪ HH – CL 6622 |
| ▪ DD – BH 1313 | ▪ N – MA 770 | ▪ D – GL 5454 |

*Das Auto hat das Kennzeichen L – BD 6999.*
*Es kommt aus Leipzig.*

### A30 Dialog

Hören und lesen Sie den Dialog. Markieren Sie die Verben.

*Sind* Sie Herr Meier?
Woher kommen Sie?
Studieren Sie in Berlin?
Wie alt sind Sie?
Sprechen Sie Englisch?

Nein. Mein Name *ist* Conrad Müller.
Ich komme aus Berlin.
Ja. Ich studiere in Berlin Medizin.
Ich bin 25 Jahre alt.
Ja. Ich spreche ein bisschen Englisch.

### A31 Satzbau

Ergänzen Sie die Verben.

⇨ Teil C Seite 28

Aussagesätze

| I. | II. | III. |
|---|---|---|
| Mein Name | .................. | Conrad Müller. |
| Ich | .................. | aus Berlin. |
| In Frankreich | .................. | man Französisch. |

Das Verb steht auf Position ..........

Fragesätze: W-Frage

| I. | II. | III. |
|---|---|---|
| Woher | .................. | Sie? |
| Wie alt | .................. | Sie? |
| Wie | .................. | Sie? |

Das Verb steht auf Position ..........

Ja-Nein-Frage

| I. | II. | III. |
|---|---|---|
| .................. | Sie | Englisch? |
| .................. | du | in Berlin? |
| .................. | er | Medizin? |

Das Verb steht auf Position ..........

### A32 Aussagesätze

Bilden Sie Sätze.

- ■ aus Griechenland – kommen – ich          *Ich komme aus Griechenland.*
1. wohnen – sie – in Madrid          .................................................
2. du – verheiratet – sein?          .................................................
3. Spanisch – sprechen – ich          .................................................
4. wo – du – wohnen?          .................................................
5. Sie – sein – von Beruf – was?          .................................................
6. Jean – in London – Informatik – studieren          .................................................

### A33 Fragesätze

Wie heißt die Frage?

- ■ *Wie heißen Sie?/Wie heißt du?*          Max Becker.
1. .................................................          Ich bin 26 Jahre alt.
2. .................................................          Ich komme aus Deutschland.
3. .................................................          In Hamburg.
4. .................................................          Elektroingenieur.
5. .................................................          Ja, ich spreche ein bisschen Spanisch.

## Personen und Hobbys

**A34** **Familie Behrens**
Hören und lesen Sie.

Das ist Hans Behrens. Er arbeitet als Chemiker bei BASF in Ludwigshafen. Er ist verheiratet mit Susanne und hat zwei Kinder. Seine Hobbys sind Tennis spielen und Sprachen lernen.

Das ist Susanne. Sie ist die Frau von Hans und die Mutter von Maximilian und Marie. Sie arbeitet als Managerin bei BASF. Sie liest gern Kriminalromane.

Das ist Marie, die Tochter von Hans und Susanne, die Schwester von Maximilian. Sie ist acht Jahre alt und singt im Chor.

Das ist Maximilian, der Sohn von Hans und Susanne, der Bruder von Marie. Er ist vier Jahre alt und spielt gern Fußball.

Das ist Marta, die Schwester von Hans. Sie ist geschieden. Sie arbeitet als Mathematiklehrerin. Sie spielt sehr gut Gitarre und hört gern Musik.

Das ist der Bruder von Hans. Er heißt Martin. Er studiert Informatik in Bremen. Er spricht sehr gut Englisch und schreibt gern Online-Texte. Martin ist ledig.

**A35** **Informationen über Familie Behrens**
Ergänzen Sie.

**Maximilian**

Alter: .................................
Hobbys: *Fußball spielen*

**Hans**

Familienstand: *verheiratet*
Beruf: .................................
Hobbys: .................................

**Marta**

Familienstand: .................................
Beruf: .................................
Hobbys: .................................

**Marie**

Alter: .................................
Hobbys: .................................

**Susanne**

Familienstand: .................................
Beruf: .................................
Hobbys: .................................

**Martin**

Familienstand: .................................
Beruf: *Student*
Hobbys: .................................

**A36** **Die liebe Familie**
Ergänzen Sie.

Geschwister: Hans *(der Bruder)* + Marta *(die Schwester)* + Martin *(der Bruder)*

Ehepartner: Hans *(der Mann)* + Susanne (..............................)

Eltern: Hans *(der Vater)* + Susanne (..............................)

Kinder: Maximilian *(der Sohn)* + Marie (..............................)

**A37** **Wer macht was?**
Kombinieren Sie.

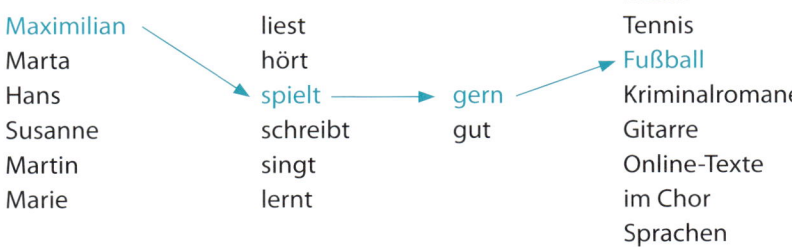

| | | |
|---|---|---|
| Maximilian | liest | Musik |
| Marta | hört | Tennis |
| Hans | spielt → gern → | Fußball |
| Susanne | schreibt | Kriminalromane |
| Martin | singt | Gitarre |
| Marie | lernt | Online-Texte |
| | gut | im Chor |
| | | Sprachen |

**A38** **Konjugation der Verben**
Ergänzen Sie die Endungen. ⇨ Teil C Seite 25

| | | singen | spielen | lesen |
|---|---|---|---|---|
| **Singular** | ich | sing...... | spiel...... | les...... |
| | du | sing...... | spiel...... | lie*st* ! |
| | er/sie/es | sing...... | spiel...... | lies...... ! |
| **Plural** | wir | sing*en* | spiel*en* | les*en* |
| | ihr | sing*t* | spiel*t* | les*t* |
| | sie | sing...... | spiel...... | les*en* |
| **formell** | Sie | sing...... | spiel*en* | les...... |

**A39** **Dialoge** gern = gerne

a) Antworten Sie.

■ Spielst du gern Tischtennis?
□ Ja, ich spiele gern Tischtennis.

■ Spielt ihr gern Tischtennis?
□ Nein, wir spielen nicht gern Tischtennis.
   Wir spielen lieber Volleyball.

1. Spielt ihr gern Fußball?      Nein, …
2. Spielst du gern Tennis?      Ja, …
3. Spielt ihr gern Basketball?   Ja, …
4. Spielt ihr gern Hockey?      Nein, …
5. Spielst du gern Gitarre?      Nein, …
6. Spielt ihr gern Bowling?      Ja, …
7. Spielst du gern Trompete?    Ja, …
8. Spielt ihr gern Tennis?      Nein, …

b) Fragen Sie.

■ Liest du gerne Liebesromane?
□ Ja, ich lese gerne Liebesromane.

■ Lest ihr gerne Liebesromane?
□ Nein, wir lesen lieber Kriminalromane.

1. ..............................................?
   Ja, wir lesen gerne Geschichtsromane.

2. ..............................................?
   Nein, ich lese lieber Abenteuerromane.

3. ..............................................?
   Nein, wir lesen lieber Gedichte.

4. ..............................................?
   Ja, ich lese gerne Kochbücher.

5. ..............................................?
   Ja, wir lesen gerne Biografien.

**A40** **Ihre Nachbarin/Ihr Nachbar**
Fragen Sie Ihre Nachbarin/Ihren Nachbarn und berichten Sie.

Mein(e) Nachbar(in)

Name: ...................................................

Beruf: ...................................................

Wohnort: ...................................................

Telefonnummer: ...................................................

E-Mail-Adresse: ...................................................

Sprachen: ...................................................

Hobbys (Musik, Sport, Lektüre): ...................................................

...................................................

...................................................

**A41** **Meine Familie**
Berichten Sie über eine Person in Ihrer Familie.

- ☐ Was macht er/sie?
- ☐ Wo wohnt/arbeitet/studiert er/sie?
- ☐ Wie alt ist er/sie?
- ☐ Welche Hobbys hat er/sie?
- ☐ Welche Sprachen spricht er/sie?

- ■ Mein Sohn/Meine Tochter/
  Mein Vater/Meine Mutter/
  Mein Bruder/Meine Schwester/
  Mein Mann/Meine Frau …

**A42** **Franz**
Schreiben Sie Sätze.

| Franz | Das ist Franz. |
|---|---|
| Student | Er ................................................. |
| Journalistik | ................................................. |
| Berlin | ................................................. |
| Deutsch | ................................................. |
| Französisch und Englisch | ................................................. |
| Tennis spielen, sehr gut | ................................................. |
| Romane lesen, gern | ................................................. |

## Wissenswertes *(fakultativ)*

**B1** **Wo wohnen die meisten Menschen?**
Bilden Sie Sätze wie im Beispiel.

- In China wohnen heute
  1 (eine) Milliarde 386 (dreihundertsechsundachtzig)
  Millionen Menschen.

- Im Jahre 2050 (zweitausendfünfzig) leben wahrscheinlich
  1 (eine) Milliarde 402 (vierhundertundzwei) Millionen
  Menschen in China.

| 1 000 | eintausend |
|---|---|
| 10 000 | zehntausend |
| 100 000 | (ein)hunderttausend |
| 1 000 000 | eine Million |
| 10 000 000 | zehn Millionen |
| 100 000 000 | (ein)hundert Millionen |
| 1 000 000 000 | eine Milliarde |

**Die bevölkerungsreichsten Länder der Welt** (Einwohner in Millionen)

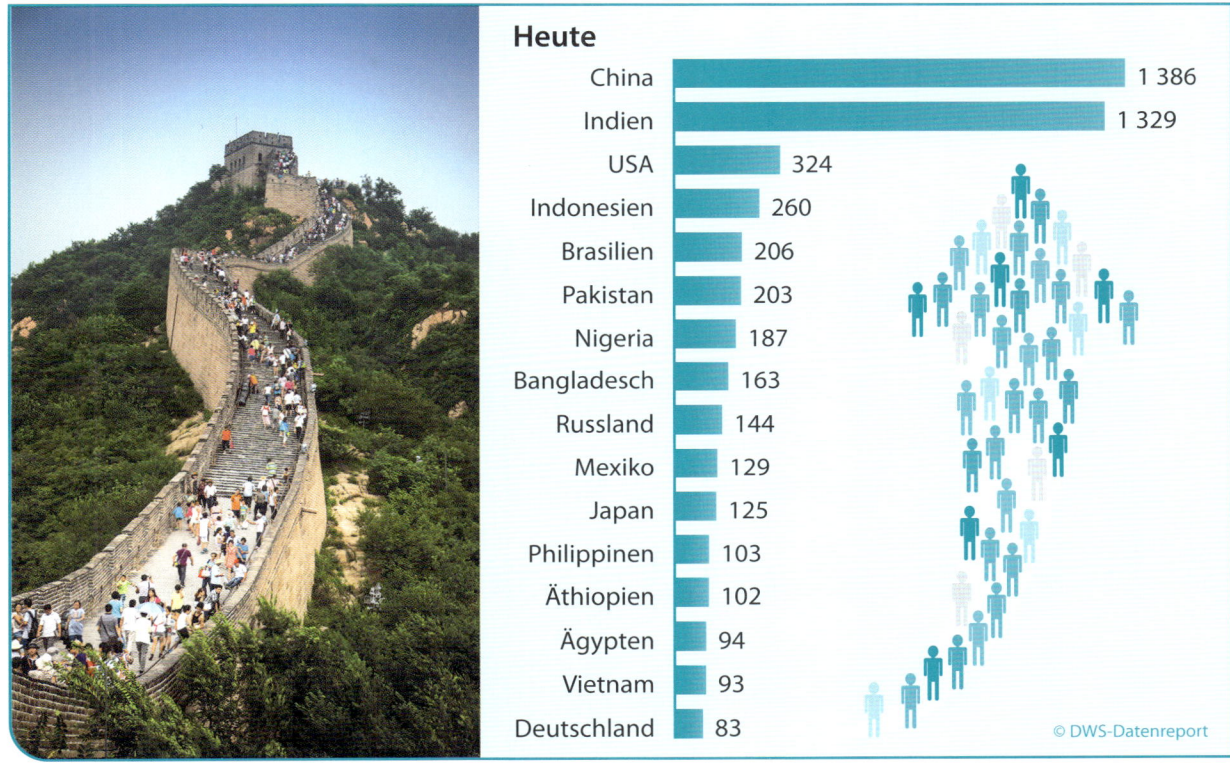

**Heute**

| China | 1 386 |
|---|---|
| Indien | 1 329 |
| USA | 324 |
| Indonesien | 260 |
| Brasilien | 206 |
| Pakistan | 203 |
| Nigeria | 187 |
| Bangladesch | 163 |
| Russland | 144 |
| Mexiko | 129 |
| Japan | 125 |
| Philippinen | 103 |
| Äthiopien | 102 |
| Ägypten | 94 |
| Vietnam | 93 |
| Deutschland | 83 |

© DWS-Datenreport

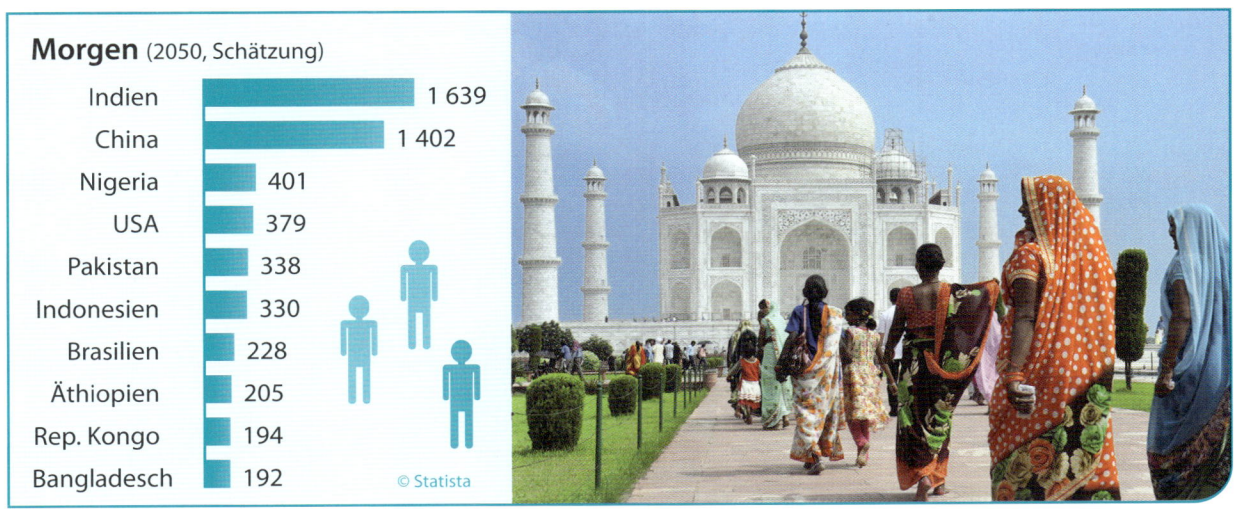

**Morgen** (2050, Schätzung)

| Indien | 1 639 |
|---|---|
| China | 1 402 |
| Nigeria | 401 |
| USA | 379 |
| Pakistan | 338 |
| Indonesien | 330 |
| Brasilien | 228 |
| Äthiopien | 205 |
| Rep. Kongo | 194 |
| Bangladesch | 192 |

© Statista

**B2**    Das *WIE-VIELE-Quiz*
Wissen Sie das? Diskutieren Sie mit Ihrer Nachbarin/Ihrem Nachbarn.

Verwenden Sie dafür: ich denke ▪ ich glaube ▪ vielleicht

**1.**      Wie viele Bundesländer hat Deutschland?

**A:** 10            **C:** 31

**B:** 16            **D:** 12

Ich glaube, Deutschland hat ..................... Bundesländer.

**2.**      Wie viele Sprachen spricht man in der Welt?

**A:** ca. 400            **C:** ca. 6 500

**B:** ca. 2 000            **D:** ca. 8 000

Ich denke, man spricht in der Welt ..................... Sprachen.     *ca. = zirka*

**3.**      Wie viele Menschen wohnen in Österreich?

**A:** 12,5 Millionen            **C:** 7,4 Millionen

**B:** 4 Millionen            **D:** 8,8 Millionen

Ich glaube, in ..................... wohnen ..................... Menschen.     *8,8 = acht Komma acht*

**4.**      Wie viele Amtssprachen hat die Schweiz?

**A:** 2 (Deutsch und Französisch)            **C:** 4 (Deutsch, Französisch, Italienisch, Rätoromanisch)

**B:** 3 (Deutsch, Französisch und Italienisch)            **D:** 5 (Deutsch, Französisch, Italienisch, Rätoromanisch, Englisch)

Ich denke, die Schweiz hat ..................... Amtssprachen.     *Amtssprache = offizielle Sprache*

**5.** Wie viele Menschen wohnen in Berlin?

**A:** 1,5 Millionen

**C:** 6 Millionen

**B:** 3,5 Millionen

**D:** 10 Millionen

Vielleicht wohnen in Berlin .................... Menschen.

**6.** Wie viele Buchstaben hat das deutsche Alphabet (ohne besondere Buchstaben)?

**A:** 22

**C:** 26

**B:** 24

**D:** 32

Ich glaube, das deutsche Alphabet hat .................... Buchstaben.

**7.** Wie viele Millionenstädte hat Deutschland?

**A:** 2 (Berlin und Hamburg)

**C:** 6 (Berlin, Hamburg, München, Köln, Frankfurt und Dortmund)

**B:** 4 (Berlin, Hamburg, München und Köln)

**D:** 7 (Berlin, Hamburg, München, Köln, Frankfurt, Dortmund und Leipzig)

Ich denke, Deutschland hat .................... Millionenstädte.

**B3** Informationen über Deutschland, Österreich und die Schweiz
Hören und lesen Sie die Texte.

Deutschland hat 82,7 Millionen Einwohner und 16 Bundesländer. Die Hauptstadt ist Berlin. In Deutschland spricht man nur eine Amtssprache: Deutsch. Die drei größten Städte sind Berlin, Hamburg und München. Seit 1871 ist Deutschland ein National-staat. Sehr wichtig für Deutschland ist die deutsche Wiederver-einigung 1990.

Österreich hat 8,7 Millionen Einwohner und neun Bundes-länder. Die Hauptstadt ist Wien. In Wien wohnen 1,8 Millionen Menschen. Österreich hat eine Amtssprache: Deutsch und drei Regionalsprachen: Kroatisch, Slowenisch und Ungarisch. Seit 1918 ist Österreich eine Republik.

Die Schweiz ist über 700 Jahre alt. Sie hat 26 Kantone (= Bundesländer) und 8,5 Millionen Einwohner. Die Hauptstadt ist Bern. Die Schweiz hat vier Amtssprachen: Etwa 70 Prozent der Einwohner sprechen Deutsch, etwa 20 % Französisch, etwa 10 % Italienisch und 1 % spricht Rätoromanisch.

**B4** Ihr Heimatland
Berichten Sie.

☐ Einwohner: .................................................................................
☐ Hauptstadt: .................................................................................
☐ Sprachen: .................................................................................
☐ ........................: .................................................................................
.................................................................................

## Personalpronomen und Verben im Präsens

| Singular | | | | Plural | | |
|---|---|---|---|---|---|---|
| 1. Person | ich | | wohne | 1. Person | wir | wohnen |
| 2. Person | du | | wohnst | 2. Person | ihr | wohnt |
| | er | (Peter) | | 3. Person | sie | wohnen |
| 3. Person | sie | (Sarah) | wohnt | | | |
| | es | (das Kind) | | **Anrede mit Sie** (formell) | | |
| | man | (allgemein) | | Sg. + Pl. | Sie | wohnen |

Im Präsens haben fast alle Verben die Endungen:  Singular:  -e  -st  -t
Plural:  -en  -t  -en

| | | **singen** | **kommen** | **lernen** | **spielen** | **arbeiten** | **heißen** |
|---|---|---|---|---|---|---|---|
| | ich | singe | komme | lerne | spiele | arbeite | heiße |
| Singular | du | singst | kommst | lernst | spielst | arbeitest | heißt |
| | er/sie/es | singt | kommt | lernt | spielt | arbeitet | heißt |
| | wir | singen | kommen | lernen | spielen | arbeiten | heißen |
| Plural | ihr | singt | kommt | lernt | spielt | arbeitet | heißt |
| | sie | singen | kommen | lernen | spielen | arbeiten | heißen |
| formell | Sie | singen | kommen | lernen | spielen | arbeiten | heißen |

Verben auf -t/-d:  e + Endung (du arbeit_e_st/er arbeit_e_t)
Verben auf -ß/-s:  2. Person Singular = 3. Person Singular (du heiß_t_/er heiß_t_)

| | | **sein** | **e ⟶ ie/i** | |
|---|---|---|---|---|
| | | | **lesen** | **sprechen** |
| | ich | bin | lese | spreche |
| Singular | du | bist | liest | sprichst |
| | er/sie/es | ist | liest | spricht |
| | wir | sind | lesen | sprechen |
| Plural | ihr | seid | lest | sprecht |
| | sie | sind | lesen | sprechen |
| formell | Sie | sind | lesen | sprechen |

**C1**  Was passt?

■ Wie _heißen_ Sie?

1. Er .................... Betriebswirtschaft.
2. Wo .................... Sarah?
3. Was bist .................... von Beruf?
4. Woher .................... Sie?
5. Frau Binder .................... Lehrerin.

- ☒ heißen
- ☐ studierst
- ☐ wohne
- ☐ du
- ☐ kommen
- ☐ bin

- ☐ heißt
- ☐ studieren
- ☐ wohnt
- ☐ Sie
- ☐ komme
- ☐ sind

- ☐ heiße
- ☐ studiert
- ☐ wohnst
- ☐ ich
- ☐ kommt
- ☐ ist

**C2**  **Was passt hier?**

1. ................... kommt aus Italien.
2. Ich ................... in Berlin.
3. Meine Nachbarin ................... Serena.
4. ................... du Deutsch?
5. Sarah und Gilles ................... in Paris.

☐ Mein Nachbar  ☐ Ich  ☐ Du
☐ wohnen  ☐ wohne  ☐ wohnst
☐ heiße  ☐ heißt  ☐ heißen
☐ Lernst  ☐ Lernen  ☐ Lernt
☐ studiert  ☐ studiere  ☐ studieren

**C3**  **Ergänzen Sie die Verben.**

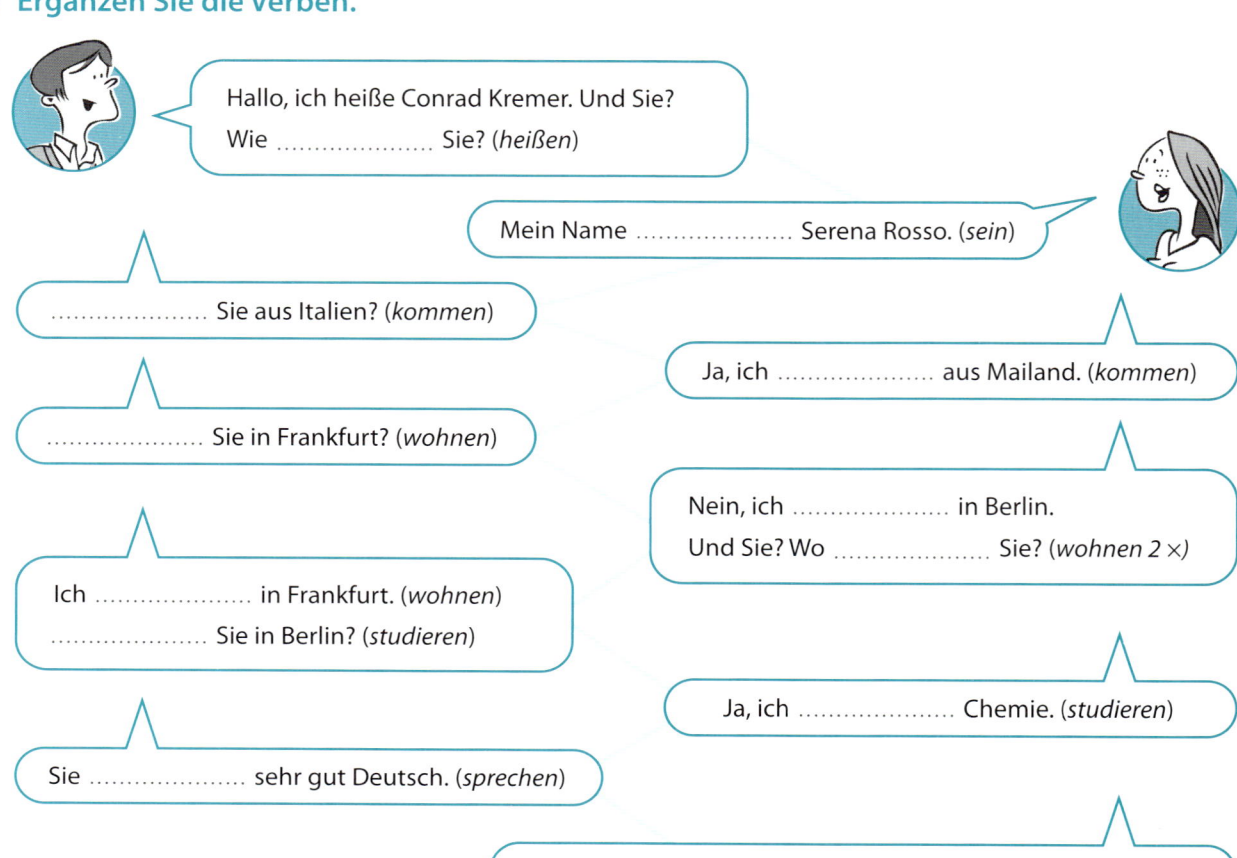

Hallo, ich heiße Conrad Kremer. Und Sie?
Wie ................... Sie? (*heißen*)

Mein Name ................... Serena Rosso. (*sein*)

................... Sie aus Italien? (*kommen*)

Ja, ich ................... aus Mailand. (*kommen*)

................... Sie in Frankfurt? (*wohnen*)

Nein, ich ................... in Berlin.
Und Sie? Wo ................... Sie? (*wohnen 2 ×*)

Ich ................... in Frankfurt. (*wohnen*)
................... Sie in Berlin? (*studieren*)

Ja, ich ................... Chemie. (*studieren*)

Sie ................... sehr gut Deutsch. (*sprechen*)

Ich ................... auch Englisch und Französisch. (*sprechen*)

**C4**  **Ergänzen Sie die Verben.**

sprechen ▪ schreiben ▪ arbeiten ▪ lesen ▪ spielen (2 ×) ▪ hören ▪ singen ▪ lernen ▪ sein

■ Susanne *arbeitet* als Managerin bei BASF.

1. Marta ................... gut Gitarre.
2. Marie ................... im Chor.
3. Hans ................... Sprachen.
4. Maximilian ................... der Sohn von Hans und Susanne.
5. Marie ................... gern Musik.
6. Susanne ................... gern Kriminalromane.
7. Maximilian ................... gern Fußball.
8. Martin ................... sehr gut Englisch und ................... gern Online-Texte.

**C5    Ergänzen Sie die Verben.**

**a)    sprechen**

■    Welche Sprachen *sprichst* du?

1.    ..................... Paul Französisch?

2.    Wir ..................... alle gut Englisch.

3.    ..................... ihr auch Englisch?

4.    Jutta und Karl ..................... ein bisschen Russisch.

5.    Meine Schwester ..................... Polnisch und Deutsch.

6.    Welche Sprachen ..................... Sie?

**b)    arbeiten**

■    Klaus *arbeitet* in Berlin.

1.    Wir ..................... bei Siemens.

2.    Wo ..................... Sie?

3.    Hans Behrens ..................... bei BASF.

4.    ..................... du auch bei BASF?

5.    Marta ..................... als Lehrerin.

6.    Ich ..................... nicht gern.

**c)    lesen**

1.    Ich ..................... gern Kriminalromane.

2.    Was ..................... du gern?

3.    Frau und Herr Krause ..................... gern Gedichte.

4.    Meine Mutter ..................... gern Liebesromane.

5.    Mein Vater ..................... Geschichtsromane.

6.    ..................... Sie auch gern Geschichtsromane?

**d)    sein**

1.    Ich ............... Studentin.

2.    Hans Behrens ............... Chemiker.

3.    Susanne Behrens ............... Managerin.

4.    Was ............... Sie von Beruf?

5.    ............... ihr Studenten?

6.    ............... du Informatiker?

**C6    Hören Sie und ergänzen Sie die Sätze.**

1.    Sandra kommt aus *Schweden.*

Sie ..................... jetzt in Hamburg und ..................... dort Medizin.

Sie ist .....................

Sie ..................... gern Volleyball und liest gern Kriminal.....................

2.    Paolo kommt ........... Spanien.

........... wohnt jetzt in .....................

Dort ..................... er als Ingenieur bei Siemens.

Paolo spielt gern .....................

3.    Klaus wohnt ........... Berlin.

Er ........... Journalist.

Klaus ist ..................... und hat ........... Kinder.

Er ..................... Gedichte.

4.    Franziska wohnt in .....................

Sie ist .....................

Sie ist .....................

Sie hört ..................... Musik und singt im .....................

## Satzbau

**Aussagesätze**

| I. | II. | III. |
|---|---|---|
| Mein Name | ist | Conrad Müller. |
| Sarah | studiert | in Paris Medizin. |
| Ich | lerne | jetzt Deutsch. |
| Jetzt | lerne | ich Deutsch. |
| In Spanien | spricht | man Spanisch. |
| Später | bin | ich Architektin. |

Das Verb steht auf Position II.

**Fragesätze: W-Frage**

| I. | II. | III. |
|---|---|---|
| Woher | kommen | Sie? |
| Wie | heißen | Sie? |
| Welche Telefonnummer | hat | Ihr Sohn? |

Das Verb steht auf Position II.

**Ja-Nein-Frage**

| I. | II. | III. |
|---|---|---|
| Sprechen | Sie | Deutsch? |
| Studierst | du | in Berlin? |

Das Verb steht auf Position I.

**C7** **Bilden Sie Sätze.**

- in Berlin – wohnen – ich          Ich *wohne* in Berlin.
1. aus Spanien – Miguel – kommen?
2. Kerstin – Französisch und Englisch – sprechen
3. Deutsch – ich – lernen – jetzt
4. du – kommen – woher?
5. von Beruf – was – Sie – sein?
6. wohnen – wir – in Berlin.
7. arbeiten – Paola – als Journalistin
8. Fußball – spielen – du – gern?
9. hören – Marie – gern – Musik
10. ihr – hören – auch gern – Musik?
11. Peter – Spanisch – lernen
12. er – nicht gern – lesen – Liebesromane
13. Liebesromane – du – gern – lesen?
14. Tischtennis – spielen – ihr – gern?
15. studieren – in München – wir – Medizin

**C8**  Schreiben Sie kurze Texte.

a) Anna Tatzikowa ▪ Moskau ▪ München ▪ Medizin ▪ Russisch ▪
Englisch ▪ ledig ▪ Tennis spielen ▪ Musik hören

b) Paul Ehrlicher ▪ Leipzig ▪ Kriminalkommissar ▪ geschieden ▪
zwei Kinder ▪ Englisch ▪ Gitarre spielen ▪ singen

c) Petra Sommer ▪ Frankfurt ▪ Lehrerin ▪ verheiratet ▪ Deutsch ▪
Englisch ▪ Spanisch ▪ Italienisch lernen ▪ Gedichte schreiben

**C9**  Wie heißen die Fragewörter?

wie ▪ was ▪ wo ▪ woher ▪ welche

▪ *Wie*  heißen Sie?

1. .......... kommen Sie?
2. .......... wohnst du?
3. .......... sind Sie von Beruf?
4. .......... alt ist Ihre Tochter?
5. .......... ist deine Muttersprache?
6. .......... Sprachen sprechen Ihre Kinder?

7. .......... ist dein Hobby?
8. .......... ist deine Telefonnummer?
9. .......... studieren Sie?
10. .......... kommt Pedro?
11. .......... heißt du?
12. .......... arbeitet Hans Behrens?

## Die Nomengruppe

**Der bestimmte Artikel**

|  | Singular |  |  | Plural |
|---|---|---|---|---|
| maskulin | feminin | neutral |  |  |
| der Name | die Telefonnummer | das Kind |  | die Kinder |

**Der Possessivartikel**

|  |  | Singular |  |  | Plural |
|---|---|---|---|---|---|
|  |  | maskulin | feminin | neutral |  |
| Singular | ich und | mein Vater | meine Mutter | mein Kind | meine Freunde |
|  | du und | dein Vater | deine Mutter | dein Kind | deine Freunde |
|  | er und | sein Vater | seine Mutter | sein Kind | seine Freunde |
|  | sie und | ihr Vater | ihre Mutter | ihr Kind | ihre Freunde |
| Plural | sie und | ihr Vater | ihre Mutter | ihr Kind | ihre Freunde |
| formell | Sie und | Ihr Vater | Ihre Mutter | Ihr Kind | Ihre Freunde |

**C10**  Ergänzen Sie den Possessivartikel.

| | | |
|---|---|---|
| Ist das | *deine* | Schwester? |
| | .................. | Bruder? |
| | .................. | Vater? |
| | .................. | Mutter? |
| | .................. | Tochter? |
| | .................. | Sohn? |
| | .................. | Mann? |
| | .................. | Kind? |

| | | |
|---|---|---|
| Ist das | *Ihre* | Schwester? |
| | .................. | Bruder? |
| | .................. | Vater? |
| | .................. | Mutter? |
| | .................. | Tochter? |
| | .................. | Sohn? |
| | .................. | Mann? |
| | .................. | Kind? |

| | | |
|---|---|---|
| Ja, das ist | .................. | Schwester. |
| | .................. | Bruder. |
| | .................. | Vater. |
| | .................. | Mutter. |
| | .................. | Tochter. |
| | .................. | Sohn. |
| | .................. | Mann. |
| | .................. | Kind. |

| | | |
|---|---|---|
| Ja, das ist | .................. | Schwester. |
| | .................. | Bruder. |
| | .................. | Vater. |
| | .................. | Mutter. |
| | .................. | Tochter. |
| | .................. | Sohn. |
| | .................. | Mann. |
| | .................. | Kind. |

**C11**  Ergänzen Sie den Possessivartikel.

| | | | | |
|---|---|---|---|---|
| ■ | ich | *Mein* Name ist Anne. | Name: | *maskulin* |
| 1. | Sie | Wie ist .................. Name? | Name: | *maskulin* |
| 2. | du | Wie ist .................. E-Mail-Adresse? | Adresse: | *feminin* |
| 3. | du | Sind das .................. Kinder? | Kinder: | *Plural* |
| 4. | ich | .................. Nachbarin spricht Ungarisch. | Nachbarin: | *feminin* |
| 5. | du | Welche Sprachen spricht .................. Nachbar? | Nachbar: | *maskulin* |
| 6. | er | Was ist .................. Heimatstadt? | Heimatstadt: | *feminin* |
| 7. | sie *(Sg.)* | Was ist .................. Hobby? | Hobby: | *neutral* |
| 8. | ich | .................. Bruder ist Arzt. | Bruder: | *maskulin* |
| 9. | Sie | Sind das .................. Fotos? | Fotos: | *Plural* |
| 10. | er | Was ist .................. Muttersprache? | Muttersprache: | *feminin* |
| 11. | Sie | Wohnt .................. Sohn in Paris? | Sohn: | *maskulin* |
| 12. | sie *(Sg.)* | Sind das .................. Freunde? | Freunde: | *Plural* |
| 13. | ich | Nein, das sind .................. Freunde. | Freunde: | *Plural* |
| 14. | du | Wie ist .................. Telefonnummer? | Telefonnummer: | *feminin* |

**C12** **Schreiben Sie die Zahlen.**

22,59 €

zweiundzwanzig Euro neunundfünfzig

- siebenundvierzig    *47*
1. dreiundzwanzig    ..........
2. fünfundvierzig    ..........
3. neunundneunzig    ..........
4. zweiundfünfzig    ..........
5. sechsunddreißig    ..........
6. einundachtzig    ..........
7. achtundsiebzig    ..........
8. dreiunddreißig    ..........

**C13** **Schreiben Sie die Zahlen in Worten.**

- 1    *eins*                          7.    5    ...........................
1.    4    ...........................    8.    3    ...........................
2.    7    ...........................    9.    6    ...........................
3.    8    ...........................    10.    13    ...........................
4.    11    ...........................    11.    16    ...........................
5.    10    ...........................    12.    27    ...........................
6.    15    ...........................    13.    14    ...........................

**C14** **Ergänzen Sie die fehlende Zahl.**

| | | |
|---|---|---|
| zwei | → *drei* → | vier |
| 1. vier | → .......................... → | sechs |
| 2. achtzig | → .......................... → | zweiundachtzig |
| 3. zweiundvierzig | → .......................... → | vierundvierzig |
| 4. elf | → .......................... → | dreizehn |
| 5. dreihundert | → .......................... → | fünfhundert |
| 6. siebenunddreißig | → .......................... → | neununddreißig |
| 7. einhunderteins | → .......................... → | einhundertdrei |
| 8. fünfundsiebzig | → .......................... → | siebenundsiebzig |
| 9. zehn | → .......................... → | zwölf |
| 10. eintausend | → .......................... → | dreitausend |
| 11. achtzig | → .......................... → | hundert |
| 12. neunzehn | → .......................... → | einundzwanzig |
| 13. fünfundsechzig | → .......................... → | siebenundsechzig |
| 14. einundfünfzig | → .......................... → | dreiundfünfzig |
| 15. sechzig | → .......................... → | achtzig |

## Rückblick

**D1  Wichtige Redemittel**
Hören Sie die Redemittel. Sprechen Sie die Wendungen nach und übersetzen Sie sie in Ihre Muttersprache.

Zweisprachige Redemittellisten finden Sie hier: www.schubert-verlag.de/wortschatz

| Deutsch | Ihre Muttersprache |
|---|---|

### Fragen und Antworten zur Person

Guten Morgen! .......................................................

Guten Tag! .......................................................

Guten Abend! .......................................................

Hallo! .......................................................

Wie heißen Sie? .......................................................

Ich heiße *(Max Müller)*. .......................................................

Mein Name ist *(Max Müller)*. .......................................................

Wie ist Ihr Vorname/Familienname? .......................................................

Mein Vorname ist *(Max)*. .......................................................

Mein Familienname ist *(Müller)*. .......................................................

Wie alt sind Sie? .......................................................

Ich bin *(30)* Jahre alt. .......................................................

Woher kommen Sie? .......................................................

Ich komme aus *(Spanien)*. .......................................................

Wo wohnen Sie? .......................................................

Ich wohne in *(Madrid)*. .......................................................

Was sind Sie von Beruf? .......................................................

Ich bin *(Lehrer)*. .......................................................

Ich arbeite als *(Managerin)* bei *(Siemens)*. .......................................................

Was/Wo studieren Sie? .......................................................

Ich studiere *(Medizin/in Berlin)*. .......................................................

Welche Sprachen sprechen Sie? .......................................................

Meine Muttersprache ist *(Italienisch)*. .......................................................

Ich spreche sehr gut/gut/ein bisschen *(Englisch)*. .......................................................

Ich lerne jetzt *(Deutsch)*. .......................................................

### Familienstand

Ich bin ledig/verheiratet/geschieden. .......................................................

Ich habe *(zwei/keine)* Kinder. .......................................................

### Hobbys

Was sind deine/Ihre Hobbys? .......................................................

Ich spiele gern *(Fußball)*. .......................................................

Ich singe *(im Chor)*. .......................................................

Ich lese gern *(Romane)*. .......................................................

Ich höre gern *(Jazz-Musik)*. .......................................................

Ich schreibe gern *(Gedichte)*. .......................................................

**D2** **Kleines Wörterbuch der Verben**

| | | | |
|---|---|---|---|
| sein | ich bin<br>wir sind | du bist<br>ihr seid | er/sie ist<br>sie sind |
| haben | ich habe<br>wir haben | du hast<br>ihr habt | er/sie hat<br>sie haben |
| arbeiten<br>*(als Managerin arbeiten)* | ich arbeite<br>wir arbeiten | du arbeitest<br>ihr arbeitet | er/sie arbeitet<br>sie arbeiten |
| denken | ich denke<br>wir denken | du denkst<br>ihr denkt | er/sie denkt<br>sie denken |
| glauben | ich glaube<br>wir glauben | du glaubst<br>ihr glaubt | er/sie glaubt<br>sie glauben |
| heißen | ich heiße<br>wir heißen | du heißt<br>ihr heißt | er/sie heißt<br>sie heißen |
| hören<br>*(Musik hören)* | ich höre<br>wir hören | du hörst<br>ihr hört | er/sie hört<br>sie hören |
| kommen<br>*(aus Frankreich kommen)* | ich komme<br>wir kommen | du kommst<br>ihr kommt | er/sie kommt<br>sie kommen |
| lernen<br>*(Deutsch lernen)* | ich lerne<br>wir lernen | du lernst<br>ihr lernt | er/sie lernt<br>sie lernen |
| lesen<br>*(ein Buch lesen)* | ich lese<br>wir lesen | du liest<br>ihr lest | er/sie liest<br>sie lesen |
| schreiben<br>*(ein Gedicht schreiben)* | ich schreibe<br>wir schreiben | du schreibst<br>ihr schreibt | er/sie schreibt<br>sie schreiben |
| singen | ich singe<br>wir singen | du singst<br>ihr singt | er/sie singt<br>sie singen |
| spielen<br>*(Fußball spielen)* | ich spiele<br>wir spielen | du spielst<br>ihr spielt | er/sie spielt<br>sie spielen |
| sprechen<br>*(Englisch sprechen)* | ich spreche<br>wir sprechen | du sprichst<br>ihr sprecht | er/sie spricht<br>sie sprechen |
| studieren<br>*(Medizin studieren)* | ich studiere<br>wir studieren | du studierst<br>ihr studiert | er/sie studiert<br>sie studieren |
| wohnen<br>*(in Berlin wohnen)* | ich wohne<br>wir wohnen | du wohnst<br>ihr wohnt | er/sie wohnt<br>sie wohnen |

**D3** **Evaluation**
Überprüfen Sie sich selbst.

| Ich kann | gut | nicht so gut |
|---|---|---|
| Ich kann grüßen. | ☐ | ☐ |
| Ich kann mich kurz vorstellen. | ☐ | ☐ |
| Ich kann einige Sätze über meine Familie sagen. | ☐ | ☐ |
| Ich kann einige Länder, Sprachen und Berufe nennen. | ☐ | ☐ |
| Ich kann einfache Fragen zur Person stellen. | ☐ | ☐ |
| Ich kann einige Tätigkeiten nennen. | ☐ | ☐ |
| Ich kann bis 100 zählen und kenne das deutsche Alphabet. | ☐ | ☐ |
| Ich kann einfache Informationen über Länder (Einwohner/Hauptstadt/Sprachen) verstehen. *(fakultativ)* | ☐ | ☐ |

# Erste Kontakte am Arbeitsplatz

## Kommunikation

- Gespräche mit Kollegen
- Die Büroeinrichtung beschreiben
- Die Abteilungen beschreiben
- Nach Preisen fragen
- Über Freizeitaktivitäten sprechen

## Wortschatz

- Gegenstände im Büro
- Abteilungen
- Preisangaben
- Hobbys

## Rund um die Arbeit: Im Büro

**A1** **Im Büro**
Hören und lesen Sie.

| | |
|---|---|
| Frau Herzberg: | Guten Tag. Suchen Sie etwas? |
| Herr Heinemann: | Ja, mein Büro. Ich bin neu hier. |
| Frau Herzberg: | Sind Sie Herr Heinemann? |
| Herr Heinemann: | Ja. |
| Frau Herzberg: | Herzlich willkommen! Mein Name ist Lisa Herzberg, ich arbeite hier als Sekretärin. Kommen Sie! Hier ist Ihr Büro. |
| Herr Heinemann: | Oh, das ist ein schönes Zimmer! |
| Frau Herzberg: | Hoffentlich ist alles da. Dort stehen: der Schreibtisch, das Telefon, der Computer, der Drucker, die Schreibtischlampe, der Stuhl und hier ist das Regal. Fehlt etwas? |
| Herr Heinemann: | Nein, ich glaube nicht. Vielen Dank, Frau Herzberg. |
| Frau Herzberg: | Vielleicht können wir später zusammen Kaffee trinken. |
| Herr Heinemann: | Gerne. |
| Frau Herzberg: | Meine Telefonnummer ist die 44 22. Ganz einfach! |
| Herr Heinemann: | Danke. Bis später. |
| Frau Herzberg: | Bis später. |

**A2** **Was ist im Büro?**

a) Hören und lesen Sie die Wörter.

das Telefon ▪ die Tasse ▪ die Lampe ▪ der Drucker ▪ der Stuhl ▪ der Schreibtisch ▪ der Computer/der Laptop ▪ die Maus ▪ der Schlüssel ▪ das Buch ▪ die Brille ▪ der Terminkalender ▪ der Stift ▪ das Handy/das Mobiltelefon/das Smartphone ▪ die Kaffeemaschine

b) Ordnen Sie zu.

| | | | | |
|---|---|---|---|---|
| 1  | 2  | 3 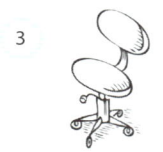 | 4  | 5  |
| .................... | .................... | .................... | .................... | .................... |
| 6  | 7  | 8  | 9  | 10  |
| .................... | .................... | .................... | .................... | .................... |
| 11  | 12  | 13 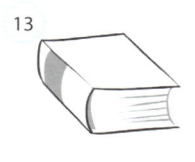 | 14  | 15  |
| .................... | .................... | .................... | .................... | .................... |

## Die Nomengruppe: der bestimmte Artikel

⇨ Teil C Seite 48

| | Singular | | Plural |
|---|---|---|---|
| maskulin | feminin | neutral | |
| der Computer | die Lampe | das Telefon | die Bücher |

### A3 Wo sind die Sachen?
Hören Sie und kreuzen Sie an.

| | Peter Lindau | Rita Kalt | | Peter Lindau | Rita Kalt |
|---|---|---|---|---|---|
| der Computer | ☐ | ☐ | die Bücher | ☐ | ☐ |
| der Drucker | ☐ | ☐ | der Schreibtisch | ☐ | ☐ |
| die Brille | ☐ | ☐ | die Lampe | ☐ | ☐ |
| der Stift | ☐ | ☐ | die Kaffeemaschine | ☐ | ☐ |
| der Schlüssel | ☐ | ☐ | der Terminkalender | ☐ | ☐ |
| die Fotos | ☐ | ☐ | das Telefon | ☐ | ☐ |
| die Dokumente | ☐ | ☐ | die Tasse | ☐ | ☐ |

### A4 Was sind die Leute von Beruf?
Was meinen Sie?

Ich denke, { Peter Lindau ist ......................................... } von Beruf.
            { Rita Kalt ist ............................................ }

## Die Nomengruppe: ein(e)/kein(e)/mein(e)

| | Singular | | | Plural |
|---|---|---|---|---|
| | maskulin | feminin | neutral | |
| unbestimmter Artikel | ein Computer | eine Lampe | ein Telefon | Bücher |
| negativer Artikel | kein Computer | keine Lampe | kein Telefon | keine Bücher |
| Possessivartikel | mein Computer | meine Lampe | mein Telefon | meine Bücher |

### A5 Im Büro von Rita und Peter
Berichten Sie.

Im Büro von Peter Lindau ist (ein/eine) …

*ein Computer,* ...........................................
.....................................................
.....................................................
.....................................................

Im Büro von Peter Lindau sind …

*Fotos und Dokumente,* .................................
.....................................................
.....................................................

Im Büro von Peter Lindau ist (kein/keine) …

*kein Terminkalender,* ...................................
.....................................................
.....................................................
.....................................................

Im Büro von Peter Lindau sind (keine) …

.....................................................
.....................................................
.....................................................

Im Büro von Rita Kalt ist *(ein/eine)* …

*ein Computer,* ........................................................

........................................................

........................................................

........................................................

Im Büro von Rita Kalt sind …

........................................................

........................................................

Im Büro von Rita Kalt ist *(kein/keine)* …

*kein Stift,* ........................................................

........................................................

........................................................

........................................................

Im Büro von Rita Kalt sind *(keine)* …

........................................................

........................................................

**A6** **Was kostet …?**

a) Hören und lesen Sie die Wörter.

1.24

| | | | | |
|---|---|---|---|---|
| 1  30,00 € | 2  599,00 € | 3  299,00 € | 4  34,99 € | 5  691,00 € |
| der/ein Bürostuhl | der/ein Computer | der/ein Bildschirm | die/eine Bürolampe | das/ein Kopiergerät der/ein Kopierer |
| 6  1299,00 € | 7  99,00 € | 8  2,99 € | 9  140,59 € | 10  378,00 € |
| der/ein Laptop | das/ein Regal | der/ein Papierkorb | der/ein Scanner | das/ein Tablet |

b) Spielen Sie Dialoge. Verwenden Sie dabei die Adjektive *teuer, preiswert, modern, schön, praktisch.*

■ Was kostet der Bürostuhl?

☐ Der Bürostuhl kostet 30 Euro.

■ 30 Euro? Das ist billig!

☐ Ja, er ist billig und modern!

☐ Der Bürostuhl kostet 500 Euro.

■ 500 Euro? Das ist teuer!

☐ Ja, aber er ist sehr schön!

der Bildschirm = er
die Lampe = sie
das Regal = es

**A7** **Was kostet das in Ihrem Heimatland?**
Berichten Sie.

ein Bürostuhl ▪ ein Drucker ▪ ein Computer ▪ ein Bildschirm ▪ eine Bürolampe ▪ ein Kopiergerät/Kopierer ▪ ein Laptop ▪ ein Schreibtisch ▪ ein Regal ▪ ein Computertisch ▪ eine Kaffeemaschine ▪ ein Papierkorb ▪ ein Tablet ▪ ein Scanner

 **A8** **Probleme im Büro**
Hören und lesen Sie.

| | |
|---|---|
| Frau Herzberg: | Na, Herr Heinemann, wie geht es? |
| Herr Heinemann: | Danke, gut. Ich habe ein kleines Problem, Frau Herzberg. Mein Drucker funktioniert nicht. Ich kann nicht drucken. |
| Frau Herzberg: | Was? Das ist ein neuer Drucker! Ist der Computer auch kaputt? |
| Herr Heinemann: | Nein, der Computer funktioniert. Das Telefon auch. |
| Frau Herzberg: | Und die Lampe geht auch? Es ist eine alte Lampe. |
| Herr Heinemann: | Die Lampe funktioniert gut. |
| Frau Herzberg: | Also nur der Drucker … |
| Herr Heinemann: | Ja. |
| Frau Herzberg: | Ich komme gleich wieder. Ich frage mal Paul … |

**A9** **Was ist das Problem?**
Ergänzen Sie die Verben.

arbeiten (2 ×) ▪ spielen ▪ **drucken** ▪ fahren ▪ schreiben ▪ sehen ▪ sitzen ▪ telefonieren

■ Mein Drucker ist kaputt. Ich kann nicht *drucken*.

1. Mein Telefon ist kaputt. Ich kann nicht ......................
2. Mein Stift ist kaputt. Ich kann nicht ......................
3. Mein Computer funktioniert nicht. Ich kann nicht ......................
4. Mein Stuhl ist unbequem. Ich kann nicht ......................
5. Meine Brille ist kaputt. Ich kann nicht ......................
6. Mein Auto geht nicht. Ich kann nicht ......................
7. Mein Laptop funktioniert nicht. Ich kann nicht ......................
8. Mein Fußball ist kaputt. Ich kann nicht Fußball ......................

**Die Negation** ⇨ Teil C Seite 52

Nomen ⟶ Hier ist kein Drucker.

Verb ⟶ Ich kann nicht drucken.

 **A10** **Adjektive**
Lesen und analysieren Sie die Sätze. Unterstreichen Sie die Adjektivendungen. Wie heißt der bestimmte Artikel?

| | |
|---|---|
| Das ist ein neuer Drucker. | ............ Drucker |
| Es ist eine alte Lampe. | ............ Lampe |
| Ich habe ein kleines Problem. | ............ Problem |

Das Adjektiv steht rechts vom Nomen.
⟶ Der Drucker ist neu.

Das Adjektiv steht links vom Nomen.
⟶ Das ist ein neuer Drucker.

**Die Nomengruppe:** *ein(e)/kein(e)* + **Adjektiv** ⇨ Teil C Seite 48

| | Singular | | Plural |
|---|---|---|---|
| maskulin | feminin | neutral | |
| ein Computer | eine Lampe | ein Telefon | keine Bücher |
| ein neuer Computer | eine neue Lampe | ein neues Telefon | keine neuen Bücher |

## A11  Dialoge
Fragen und antworten Sie.

der Drucker ▪ das Handy ▪ der Kopierer ▪ der Stuhl ▪ das Auto ▪ der Computer ▪ der Stift
etwas funktioniert nicht ▪ etwas geht nicht ▪ etwas ist kaputt

> Funktioniert Ihr/dein Drucker?
> Geht Ihr/dein Drucker?

> Nein, mein Drucker funktioniert nicht/geht nicht.
> Nein, mein Drucker ist kaputt.
> Ich kann nicht drucken.

> Ist es ein alter Drucker?

> Ja, das ist ein (sehr) alter Drucker.
> Nein, das ist ein neuer Drucker.

## A12  Adjektive
Hören Sie und verbinden Sie die Antonyme.

1.26

| | | |
|---|---|---|
| (1) | neu | (a) unmodern |
| (2) | schön | (b) alt |
| (3) | modern | (c) groß |
| (4) | bequem | (d) dunkel |
| (5) | klein | (e) billig |
| (6) | teuer | (f) unbequem |
| (7) | praktisch | (g) langweilig |
| (8) | interessant | (h) hässlich |
| (9) | hell | (i) unpraktisch |

## A13  Eine neue Kaffeemaschine
Bilden Sie Sätze mit den Adjektiven aus A12.

- ▪ Die Kaffeemaschine *ist nicht alt. Es ist eine neue Kaffeemaschine.*
1. Der Computer *ist nicht neu. Es ist ein* .................................
2. Die Uhr .................................................................
3. Das Bild .................................................................
4. Das Buch .................................................................
5. Das Auto .................................................................
6. Das Büro .................................................................
7. Der Schreibtisch .................................................................
8. Das Handy .................................................................
9. Die Lampe .................................................................
10. Das Regal .................................................................
11. Der Drucker .................................................................
12. Das Telefon .................................................................
13. Die Brille .................................................................
14. Der Stuhl .................................................................
15. Die Maus .................................................................
16. Der Kopierer .................................................................

> Das ist ein neuer Drucker.
> = Es ist ein neuer Drucker.

> Der Stuhl ist teuer.
> Es ist ein teurer Stuhl.

> Das Büro ist dunkel.
> Es ist ein dunkles Büro.

## Rund um die Arbeit: An der Universität

 **A14** **Abteilungen**
a) Lesen Sie.

1. die Verwaltung    2. die Kantine    3. die Mensa    4. die Cafeteria
5. die Bibliothek    6. das Sekretariat    7. die Sporthalle

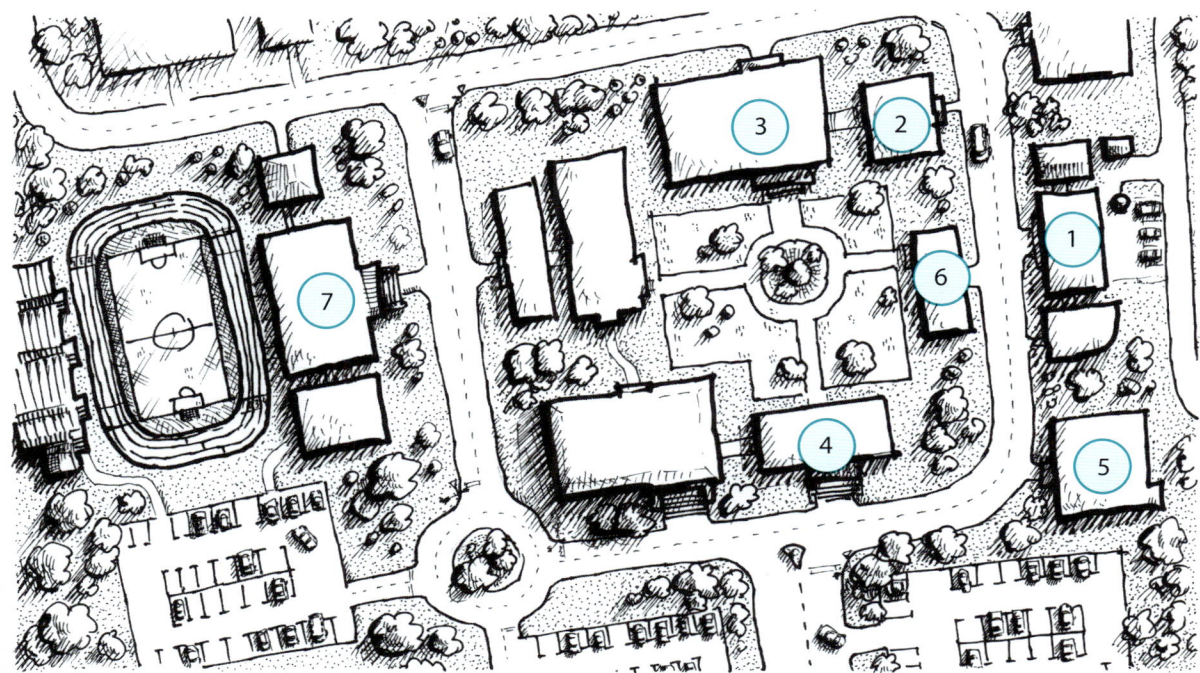

 b) Hören Sie den Text und verbinden Sie.

| | |
|---|---|
| (1) das Sekretariat | (a) Volleyball oder Fußball spielen |
| (2) die Verwaltung | (b) Zeitungen und Bücher lesen |
| (3) die Bibliothek | (c) etwas essen (Studenten) |
| (4) das Sprachenzentrum | (d) Kaffee trinken |
| (5) die Kantine | (e) Rechnungen bezahlen |
| (6) die Mensa | (f) Sprachen lernen, Sprachkurse besuchen |
| (7) die Sporthalle | (g) Informationen bekommen |
| (8) die Cafeteria | (h) etwas essen (Mitarbeiter) |

 **A15** **Hier kann man …**
Berichten Sie.

■ Das ist die Bibliothek. Hier kann man *Bücher lesen.*

1. Das ist die Cafeteria. Hier kann man ...................................
2. Das ist die Sporthalle. Hier kann man ...................................
3. Das ist das Sekretariat. Hier kann man ...................................
4. Das ist die Verwaltung. Hier kann man ...................................
5. Das ist das Sprachenzentrum. Hier kann man ...................................
6. Das ist die Mensa. Hier können die Studenten ...................................
7. Das ist die Kantine. Hier können die Mitarbeiter ...................................

| können | ⇨ Teil C Seite 50 | |
|---|---|---|
| Singular | ich | kann |
| | du | kannst |
| | er/sie/es | kann |
| Plural | wir | können |
| | ihr | könnt |
| | sie | können |
| formell | Sie | können |

**A16** **Position der Verben**
Bilden Sie Sätze.

- ■ hier – Studenten – können – etwas – essen
- 1. im Sekretariat – Informationen – bekommen – kann – man
- 2. ich – sehr gut – kann – kochen
- 3. hier – Zeitung – lesen – kann – man
- 4. wir – Englisch – lernen – können – im Sprachenzentrum

| | I. | II. | III. | Satzende |
|---|---|---|---|---|
| ■ | Hier | *können* | Studenten etwas | essen. |
| 1. | Im Sekretariat | *kann* | ................................ | ................................ |
| 2. | ................................ | ................................ | ................................ | ................................ |
| 3. | ................................ | ................................ | ................................ | ................................ |
| 4. | ................................ | ................................ | ................................ | ................................ |

**Fragen im Sprachkurs:**
- ● Können Sie das bitte wiederholen?
- ● Können Sie das bitte noch einmal erklären?
- ● Was bedeutet das?

**A17** **Was kann man …?**
Was passt zusammen? Ordnen Sie zu.

(1) Fußball
(2) Rechnungen                    (a) bekommen
(3) Bücher                        (b) spielen
(4) Sprachen                      (c) bezahlen
(5) Informationen                 (d) lernen
(6) Zeitung                       (e) lesen
(7) Sprachkurse                   (f) schreiben
(8) Kaffee                        (g) trinken
(9) Englisch                      (h) besuchen
(10) Texte

**A18** **Phonetik: Der Wortakzent**
Hören und wiederholen Sie.

| **Grundregel:** | Der Akzent ist links. | Abend – Bücher – Lampe – Name – Drucker – Zeitung – sehen – arbeiten – fahren – schreiben – hören |
|---|---|---|
| **Komposita:** | Der Akzent ist links. | Fußball – Bücherregal – Schreibtisch – Bildschirm – Sprachkurse – Sporthalle |
| **Fremdwörter:** | Der Akzent ist oft rechts. | Büro – Student – Dokument – Termin – Universität – Bibliothek – Bürostuhl – Terminkalender |

## Freizeit

**A19** **Die Lieblingshobbys der Deutschen**
a) Hören und lesen Sie.

1.29

> Freunde besuchen ▪ Auto fahren ▪ Fremdsprachen lernen ▪ wandern ▪ kochen ▪ im Internet surfen ▪ lesen ▪
> Bier trinken ▪ Musik hören ▪ Sport machen ▪ fotografieren ▪ telefonieren

b) Ordnen Sie zu.

| 1  | 2  | 3  | 4 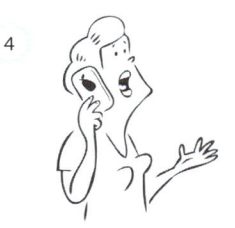 |
|---|---|---|---|
| ..................... | ..................... | ..................... | ..................... |
| 5  | 6  | 7  | 8  |
| ..................... | ..................... | ..................... | ..................... |
| 9  | 10  | 11  | 12  |
| ..................... | ..................... | ..................... | ..................... |

c) Berichten Sie.

Was sind die Lieblingshobbys in Ihrem Land?

*In ... kocht man gern.*
*Die Leute kochen gern.*

**A20** **Interview**
Fragen Sie Ihre Nachbarin/Ihren Nachbarn und berichten Sie.

gern ◄──► nicht gern

- ■ Fährst du gern Auto?
- ☐ Ja, ich fahre gern Auto.

- ■ Kochen Sie gern?
- ☐ Nein, ich koche nicht gern.

- ■ Meine Nachbarin …
  Mein Nachbar …

| **fahren** | | ⇨ Teil C Seite 51 |
|---|---|---|
| Singular | ich | fahre |
| | du | fährst ! |
| | er/sie/es | fährt ! |
| Plural | wir | fahren |
| | ihr | fahrt |
| | sie | fahren |
| formell | Sie | fahren |

## A21 Was machen Sie gern?

Spielen Sie Dialoge.

- Fahren Sie gern Auto? *(Fußball spielen)* *Nein, ich spiele lieber Fußball.*
1. Lernen Sie gern Fremdsprachen? *(schöne Landschaften fotografieren)* ...................................
2. Spielst du gern Volleyball? *(ein Instrument spielen)* ...................................
3. Singst du gern? *(telefonieren)* ...................................
4. Wandert Ihre Tochter gern? *(Auto fahren)* ...................................
5. Machst du gern Sport? *(Romane lesen)* ...................................
6. Hören Sie gern Musik? *(im Internet surfen)* ...................................
7. Kocht dein Vater gern? *(Bier trinken)* ...................................
8. Reisen Sie gern? *(arbeiten)* ...................................
9. Besucht ihr gern Freunde? *(Fremdsprachen lernen)* ...................................

## A22 In der Cafeteria

a) Hören Sie den Dialog. Kreuzen Sie an.

| | richtig | falsch |
|---|---|---|
| ■ Herr Heinemann kann Klavier spielen. | ✗ | ☐ |
| 1. Frau Herzberg kann nicht singen. | ☐ | ☐ |
| 2. Frau Herzberg singt im Chor. | ☐ | ☐ |
| 3. Frau Herzberg spielt gern Fußball. | ☐ | ☐ |
| 4. Herr Heinemann kann gut Fußball spielen. | ☐ | ☐ |
| 5. Frau Herzberg spricht nicht gut Englisch. | ☐ | ☐ |
| 6. Herr Heinemann spricht viele Sprachen. | ☐ | ☐ |

b) Lesen Sie nun den Dialog mit verteilten Rollen.

| | |
|---|---|
| Frau Herzberg: | Was trinken Sie, Herr Heinemann? |
| Herr Heinemann: | Kaffee bitte. |
| Frau Herzberg: | Bitte sehr. |
| Herr Heinemann: | Danke. |
| Frau Herzberg: | Geht Ihr Drucker jetzt? |
| Herr Heinemann: | Ja, er funktioniert, ich kann drucken. |
| Frau Herzberg: | Wie finden Sie Marburg, Herr Heinemann? |
| Herr Heinemann: | Marburg ist eine schöne Stadt. |
| Frau Herzberg: | Das finde ich auch. Was machen Sie am Wochenende? |
| Herr Heinemann: | Am Wochenende fahre ich nach München. Ich spiele dort im Universitätsorchester. |
| Frau Herzberg: | Wir haben auch ein Universitätsorchester hier. Welches Instrument spielen Sie? |
| Herr Heinemann: | Klavier. Und Sie, Frau Herzberg? Spielen Sie ein Instrument? |
| Frau Herzberg: | Ich spiele ein bisschen Gitarre. |
| Herr Heinemann: | Können Sie gut singen? Wir suchen noch eine Sängerin für unseren Chor. |
| Frau Herzberg: | Nein, ich kann nicht singen. Ich spiele gern Volleyball oder Fußball. |
| Herr Heinemann: | Ich bin ein sehr schlechter Fußballspieler. Spielt Ihr Mann auch Fußball? |
| Frau Herzberg: | Natürlich. Mein Mann kommt aus England. |
| Herr Heinemann: | Ach so. Und welche Sprache sprechen Sie zu Hause? |
| Frau Herzberg: | Englisch und Deutsch. Sprechen Sie gut Englisch? |
| Herr Heinemann: | Ja, ich spreche Englisch, Französisch und ein bisschen Spanisch. |
| Frau Herzberg: | Das ist toll! So viele Sprachen! |

**A23** Negation
Antworten Sie negativ.

■ Spielen Sie gut Gitarre?                    *Nein, ich spiele nicht gut Gitarre.*

1. Singen Sie vielleicht?                     .................................................

2. Sprechen Sie gut Schwedisch?               .................................................

3. Können Sie gut Fußball spielen?            .................................................

4. Können Sie gut kochen?                     .................................................

5. Lernen Sie gern Deutsch?                   .................................................

> **Die Negation**
>
> **Verb:**
> Ich <u>singe</u> nicht.
> Ich <u>kann</u> nicht <u>singen</u>.
>
> **Adjektiv:**
> Ich kann nicht <u>gut</u> singen.
>
> ⇨ Teil C Seite 52

**A24** Formell und informell
Bilden Sie Sätze mit *du* oder *ihr*.

■ Welches Instrument spielen Sie *(Sg.)*?     *Welches Instrument spielst du?*

1. Wie finden Sie *(Sg.)* Marburg?            .................................................

2. Fahren Sie *(Pl.)* nach München?           .................................................

3. Können Sie *(Sg.)* gut singen?             .................................................

4. Welche Sprache sprechen Sie *(Pl.)* zu Hause?  .........................................

5. Lernen Sie *(Pl.)* auch Deutsch?           .................................................

> Frau Herzberg und Herr Heinemann sagen: Sie.
>
> Studenten sagen: du *(Sg.)*/ihr *(Pl.)*.

**A25** Was man machen kann
Hören und sortieren Sie die Wörter.

> Hip-Hop ▪ Rockmusik ▪ Gymnastik ▪ Gitarre ▪ Trompete ▪ Klavier ▪ Gedichte ▪ Portugiesisch ▪ Salsa ▪ Schach ▪ Sport ▪ Fußball ▪ Fahrrad ▪ Tennis ▪ Pingpong ▪ Mathematik ▪ Literatur ▪ Zeitung ▪ Tango ▪ Karten ▪ Ski ▪ klassische Musik ▪ Saxofon ▪ Deutsch ▪ Motorrad ▪ Golf

Das kann man spielen:   Violine, Volleyball, …
Das kann man machen:    Yoga, …
Das kann man lesen:     Romane, …
Das kann man lernen:    Latein, …

Das kann man hören:    Jazz, …
Das kann man tanzen:   Walzer, …
Das kann man fahren:   Auto, …

**A26** Was können Sie gut/nicht gut?

a) Spielen Sie kleine Dialoge.

> **Salsa tanzen** ▪ Saxofon spielen ▪ Schach spielen ▪ Motorrad fahren ▪ Ski fahren ▪ Spanisch sprechen ▪ Tango tanzen ▪ Trompete spielen ▪ fotografieren ▪ Golf spielen ▪ Tennis spielen ▪ Auto fahren

Kannst du/Können Sie gut Salsa tanzen?

Ja, ich kann gut Salsa tanzen.                 Nein, ich kann nicht gut Salsa tanzen.
Ja, natürlich! Ja, klar!                                                                  Nein, leider nicht.
Und du/Sie?                                                                                Und du/Sie?

Ich auch. ◄───► Ich (leider) nicht.              Ich auch nicht. ◄───► Ich schon.

b) Berichten Sie.

Was kann Ihre Nachbarin/Ihr Nachbar gut/nicht gut?   *Meine Nachbarin/Mein Nachbar kann gut/nicht gut …*

**A27** **Die Wochentage**
Hören und wiederholen Sie.

### Die Arbeitstage

| | |
|---|---|
| der Montag | Am Montag arbeite ich. |
| der Dienstag | Am Dienstag lerne ich Deutsch. |
| der Mittwoch | Am Mittwoch tanze ich Tango. |
| der Donnerstag | Am Donnerstag spiele ich Gitarre. |
| der Freitag | Am Freitag besuche ich Freunde. |

### Das Wochenende

| | |
|---|---|
| der Samstag/Sonnabend | Am Wochenende fahre ich nach Berlin. |
| der Sonntag | |

**A28** **Herr und Frau Meier haben viel Zeit …**
Was tun sie? Berichten Sie.

Motorrad fahren ▪ Zeitung lesen ▪ fotografieren ▪ wandern ▪ Walzer tanzen ▪ Karten spielen ▪ Musik hören ▪ Russisch lernen ▪ nach Berlin fahren ▪ kochen ▪ Gedichte schreiben ▪ Tango tanzen ▪ Yoga machen ▪ Freunde besuchen ▪ Golf spielen

Beachten Sie: Das Verb steht auf Position II.

### Herr Meier

Am Montag *fährt Herr Meier Motorrad.*

Am Dienstag ..................................................

Am ..........................................................

..............................................................

..............................................................

..............................................................

..............................................................

### Frau Meier

Am Montag ..................................................

..............................................................

..............................................................

..............................................................

..............................................................

..............................................................

..............................................................

Und Sie? Was machen Sie am Montag/am Dienstag …?
Nennen Sie für jeden Tag eine Tätigkeit.

Am Montag ..................................................

..............................................................

..............................................................

..............................................................

..............................................................

..............................................................

..............................................................

..............................................................

## Wissenswertes *(fakultativ)*

**B1**  **Was machen die Österreicher in der Freizeit?**
Beschreiben Sie die Grafik.

- 87 Prozent der Österreicher sehen gern Filme, Serien oder Shows.

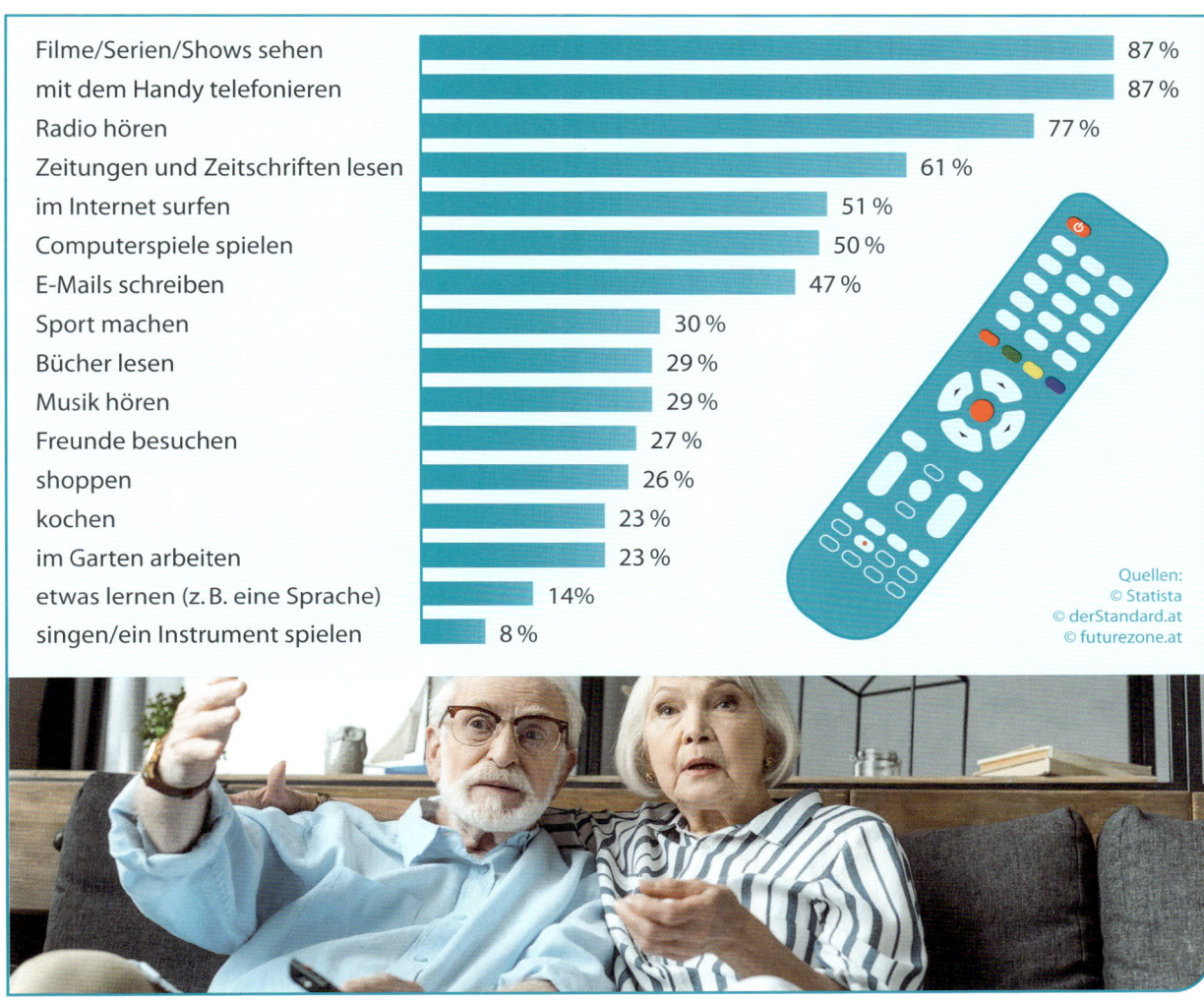

| Aktivität | Prozent |
|---|---|
| Filme/Serien/Shows sehen | 87 % |
| mit dem Handy telefonieren | 87 % |
| Radio hören | 77 % |
| Zeitungen und Zeitschriften lesen | 61 % |
| im Internet surfen | 51 % |
| Computerspiele spielen | 50 % |
| E-Mails schreiben | 47 % |
| Sport machen | 30 % |
| Bücher lesen | 29 % |
| Musik hören | 29 % |
| Freunde besuchen | 27 % |
| shoppen | 26 % |
| kochen | 23 % |
| im Garten arbeiten | 23 % |
| etwas lernen (z. B. eine Sprache) | 14% |
| singen/ein Instrument spielen | 8 % |

Quellen:
© Statista
© derStandard.at
© futurezone.at

**B2**  **Freizeitaktivitäten in der Schweiz**
Ergänzen Sie die fehlenden Verben.

surfen ▪ lesen ▪ wandern ▪ machen ▪ **sehen** ▪ besuchen ▪ spielen ▪ telefonieren ▪ hören

Auch die Schweizer *sehen* in ihrer Freizeit gern Filme oder ............................... (1) zu Hause Computerspiele.

Viele Schweizer ............................... (2) oft mit ihrem Handy oder

............................... (3) im Internet.

Die Schweizer sind gern aktiv: Sie ............................... (4) viel und

............................... (5) Sport.

Freunde ............................... (6), Radio ............................... (7) und

Bücher ............................... (8) sind ebenfalls beliebte Freizeitaktivitäten.

## Die Nomengruppe

| | Singular | | Plural |
|---|---|---|---|
| maskulin | feminin | neutral | |
| der Computer | die Lampe | das Telefon | die Bücher |
| ein Computer | eine Lampe | ein Telefon | keine Bücher |
| ein neuer Computer | eine neue Lampe | ein neues Telefon | keine neuen Bücher |

### C1    Ordnen Sie zu.

Kantine ▪ Sporthalle ▪ Kaffeemaschine ▪ Drucker ▪ Computer ▪ Universität ▪ Telefon ▪ Büro ▪ Stift ▪ Handy ▪ Maus ▪ Buch ▪ Bibliothek ▪ Verwaltung ▪ Brille ▪ Bildschirm ▪ Sprachkurs ▪ Sprachzentrum ▪ Zeitung ▪ Stuhl ▪ Telefonnummer ▪ Schreibtisch ▪ Problem ▪ Bild ▪ Name

**Tipp:** Notieren und lernen Sie immer das Wort und den Artikel!

| der | die | das |
|---|---|---|
| ........................ | ........................ | ........................ |
| ........................ | ........................ | ........................ |
| ........................ | ........................ | ........................ |
| ........................ | ........................ | ........................ |
| ........................ | ........................ | ........................ |
| ........................ | ........................ | ........................ |
| ........................ | ........................ | ........................ |
| ........................ | ........................ | ........................ |
| ........................ | ........................ | ........................ |
| | | ........................ |

Ergänzen Sie die Regeln:

Wörter auf -ung (Zeitung, Verwaltung …) sind immer   ......................................................

Viele Wörter auf -e (Kantine, Sporthalle …) sind   ...................................................... (aber: der Name !)

### C2    Kombinieren Sie und bilden Sie Sätze.

schön ▪ interessant ▪ neu ▪ modern ▪ klein ▪ preiswert ▪ alt ▪ hell ▪ langweilig ▪ praktisch ▪ bequem ▪ hässlich

| | | |
|---|---|---|
| ▪ Büro | *Das ist ein modernes Büro.* | |
| 1. Telefon | ........................................... | 8. Schreibtisch   ........................................... |
| 2. Kantine | ........................................... | 9. Stuhl   ........................................... |
| 3. Kaffeemaschine | ........................................... | 10. Uhr   ........................................... |
| 4. Bibliothek | ........................................... | 11. Regal   ........................................... |
| 5. Buch | ........................................... | 12. Bild   ........................................... |
| 6. Bildschirm | ........................................... | 13. Stift   ........................................... |
| 7. Lampe | ........................................... | 14. Handy   ........................................... |
| | | 15. Problem   ........................................... |

**C3**   Ergänzen Sie den bestimmten Artikel und das Adjektiv.

Frau Sommer ist sehr zufrieden.
Sie sagt:

Herr Winter ist unzufrieden.
Er sagt:

■   D*er* Kaffee ist warm.

D*er* Kaffee ist *kalt.*

1.   D......... Computer ist neu.

D......... Computer ist   .............................

2.   D......... Lampe ist schön.

D......... Lampe ist   .............................

3.   D......... Sprachkurs ist interessant.

D......... Sprachkurs ist   .............................

4.   D......... Büro ist groß.

D......... Büro ist   .............................

5.   D......... Schreibtisch ist modern.

D......... Schreibtisch ist   .............................

6.   D......... Büro ist hell.

D......... Büro ist   .............................

7.   D......... Stuhl ist bequem.

D......... Stuhl ist   .............................

⟶ Alles ist perfekt.

⟶ Nichts ist perfekt.

### Personalpronomen und Possessivartikel

|  |  | | Singular | | | | Plural | |
|---|---|---|---|---|---|---|---|---|
|  |  |  | maskulin | feminin | Mutter | neutral | Kind |  |
| Singular | ich | und | mein Vater | meine Mutter | mein Kind | meine Freunde |
|  | du | und | dein Vater | deine Mutter | dein Kind | deine Freunde |
|  | er/es | und | sein Vater | seine Mutter | sein Kind | seine Freunde |
|  | sie | und | ihr Vater | ihre Mutter | ihr Kind | ihre Freunde |
| Plural | wir | und | unser Vater | unsere Mutter | unser Kind | unsere Freunde |
|  | ihr | und | euer Vater | eure Mutter | euer Kind | eure Freunde |
|  | sie | und | ihr Vater | ihre Mutter | ihr Kind | ihre Freunde |
| formell | Sie | und | Ihr Vater | Ihre Mutter | Ihr Kind | Ihre Freunde |

**C4**   Ergänzen Sie die Possessivartikel.

1.   *ich:*   Ist das *mein* Buch?

   *du:*   Ist das ............... Buch?

   *er:*   Ist das ............... Buch?

   *sie:*   Ist das ............... Buch?

   *wir:*   Ist das ............... Buch?

   *Sie:*   Ist das ............... Buch?

2.   *ich:*   ............... Drucker geht nicht.

   *du:*   ............... Drucker geht nicht.

   *Sie:*   ............... Drucker geht nicht.

   *wir:*   ............... Drucker geht nicht.

   *ihr:*   ............... Drucker geht nicht.

3.   *ich:*   Das ist ............... Freundin Maria.

   *er:*   Das ist ............... Freundin Maria.

   *sie:*   Das ist ............... Freundin Maria.

   *wir:*   Das ist ............... Freundin Maria.

4.   *ich:*   ............... Bruder ist Arzt.

   *er:*   ............... Bruder ist Arzt.

   *sie:*   ............... Bruder ist Arzt.

   *wir:*   ............... Bruder ist Arzt.

5.   *wir:*   ............... Kinder spielen sehr gut Violine.

   *er:*   ............... Kinder spielen sehr gut Violine.

## C5  Sagen Sie es informell bzw. formell.

| informell: dein (deine)/euer (eure) | | formell: Ihr (Ihre) |
|---|---|---|

- Ist das *dein* Stift? → *Ist das Ihr Stift?*
- *Sind das eure Bücher?* ← Sind das Ihre Bücher?

1. ................................................ ← Ist das Ihr Büro?
2. ................................................ ← Ist das Ihre Brille?
3. Ist das *dein* Auto? → ................................................
4. ................................................ ← Ist das Ihr Drucker?
5. Ist das *dein* Laptop? → ................................................
6. ................................................ ← Ist das Ihr Schreibtisch?

### Pronomen

| | Singular | | Plural |
|---|---|---|---|
| maskulin | feminin | neutral | |
| der Computer = er | die Lampe = sie | das Telefon = es | die Bücher = sie |

## C6  Ergänzen Sie *er, sie* oder *es*.

- Ist dein Büro groß?   Nein, *es* ist klein.
1. Ist das dein neuer Computer?   Ja, aber .......... funktioniert nicht.
2. Ist das dein Stift?   Ja, aber .......... schreibt nicht.
3. Funktioniert dein Telefon?   Nein, .......... ist kaputt.
4. Sind die Lampen kaputt?   Nein, .......... gehen.
5. Geht deine Uhr?   Ja, .......... funktioniert gut.
6. Ist das dein Auto?   Ja, aber .......... fährt nicht.
7. Ist dein Schreibtisch neu?   Ja, .......... ist neu.
8. Ist das Buch spannend?   Nein, .......... ist langweilig.

# Verben

### Das Modalverb *können*

| Konjugation | ich | kann | | wir | können |
|---|---|---|---|---|---|
| | du | kannst | | ihr | könnt |
| | er/sie/es | kann | | sie/Sie | können |

| Satzbau | Satzklammer: konjugiertes Verb + Infinitiv | | | |
|---|---|---|---|---|
| | I. | II. | III. | Satzende |
| | Man | kann | hier viel | lernen. |
| | Wir | können | leider nicht | singen. |

| Gebrauch | Fähigkeit: | Ich kann sehr gut Fußball spielen. |
|---|---|---|
| | Möglichkeit: | Hier kann man Zeitungen lesen. |

**C7** Bilden Sie Fragen und antworten Sie.

■ Können – du – tanzen?            *Kannst du tanzen?*            Natürlich *kann ich tanzen.*

1. Können – Sie – Gitarre spielen?     .................................     Natürlich .................................
2. Können – du – Auto fahren?         .................................     Natürlich .................................
3. Können – ihr – Fußball spielen?     .................................     Natürlich .................................
4. Können – Sie – kochen?             .................................     Natürlich .................................
5. Können – du – Klavier spielen?      .................................     Natürlich .................................
6. Können – Sie – hier gut arbeiten?   .................................     Natürlich .................................
7. Können – du – Englisch sprechen?    .................................     Natürlich .................................
8. Können – ihr – gut singen?          .................................     Natürlich .................................
9. Können – ich – hier Kaffee trinken? .................................     Natürlich .................................

**C8** Ergänzen Sie das Verb *können*.

■ *Kannst* du Schach spielen?

1. .................... ihr kochen?              4. .................... ihr Ski fahren?
2. .................... du Bulgarisch sprechen?  5. Ich .................... nicht singen.
3. Wo .................... man Kaffee trinken?   6. Wir .................... nicht nach Berlin fahren.

**C9** Ergänzen Sie die Tabelle.

|  | fahren | tanzen | lesen | wandern | fotografieren |
|---|---|---|---|---|---|
| ich | *fahre* | ............... | ............... | ............... | ............... |
| du | ............... *!* | *tanzt !* | *liest !* | *wanderst* | ............... |
| er/sie/es/man | *fährt !* | *tanzt* | ............... *!* | ............... | ............... |
| wir | ............... | ............... | *lesen* | ............... | *fotografieren* |
| ihr | *fahrt* | ............... | ............... | ............... | ............... |
| sie | ............... | *tanzen* | ............... | *wandern* | ............... |
| Sie | ............... | *tanzen* | ............... | *wandern* | ............... |

**C10** Ergänzen Sie die Verben.

1. *Wohnen* Sie auch in Marburg? *(wohnen)*     – Nein, ich ............... in Gießen. *(wohnen)*
2. Was ............... Sie am Freitag? *(machen)* – Wir ............... nach Köln. *(fahren)*
3. ............... Ihre Frau Gitarre spielen? *(können)* – Ja, sie ............... sehr gut Gitarre. *(spielen)*
4. ...............du auch Astronomie? *(studieren)* – Nein, ich ............... Psychologie. *(studieren)*
5. ............... du am Mittwoch nach Köln? *(fahren)* – Nein, ich ............... am Mittwoch. *(arbeiten)*
6. ............... ihr am Sonntag kommen? *(können)* – Nein, am Sonntag ............... unsere Eltern. *(kommen)*
7. ............... du gern Walzer? *(tanzen)*     – Nein, ich ............... nicht tanzen. *(können)*
8. ............... ihr gern? *(fotografieren)*    – Ja, wir ............... sehr gern. *(fotografieren)*
9. ............... ihr am Wochenende? *(wandern)* – Nein, wir ............... Deutsch. *(lernen)*

**C11** **Welches Verb passt?**

fahren • **lesen** • spielen • machen • können (4 ×) • studieren • schreiben • singen • hören

- *Liest*     er oft Krimis?
1. ........................ du im Chor?
2. ........................ du Online-Texte?
3. ........................ du heute Yoga?
4. ........................ Sie gern Musik?
5. ........................ ihr Tango tanzen?

6. ........................ du Gedichte schreiben?
7. ........................ sie auch Chemie?
8. ........................ Sie Saxofon?
9. ........................ du ein Instrument spielen?
10. ........................ du gern Ski?
11. ........................ deine Schwester Auto fahren?

**C12** **Was/Wen kann man nicht …?**

- schreiben:     ein Gedicht – ein Buch – eine E-Mail – ~~ein Bild~~
  *Ein Bild kann man nicht schreiben.*

1. spielen:     ein Instrument – Fußball – Sport – Saxofon – Schach
  .................................................................................................

2. besuchen:     Freunde – Frau Müller – ein Büro
  .................................................................................................

3. lernen:     Latein – Deutsch – Mathematik – Zeitung
  .................................................................................................

4. bezahlen:     eine Rechnung – ein Buch – ein Bild – Englisch
  .................................................................................................

5. fahren:     Volleyball – Motorrad – Auto – Fahrrad – Ski
  .................................................................................................

6. hören:     klassische Musik – Jazz – Rockmusik – Fußball
  .................................................................................................

## Die Negation

| Nomen | Verb | Adjektiv |
|---|---|---|
| Hier ist <u>kein</u> Drucker. | Ich singe <u>nicht</u>. <br> Ich <u>kann</u> <u>nicht</u> singen. | Ich kann <u>nicht</u> gut singen. |

**C13** **Ergänzen Sie *nicht* oder *kein/keine*.**

- Hier sind *keine* Bücher.
1. Hier kann man ..................... lesen.
2. Paul kann ..................... tanzen.
3. Hier ist ..................... Computer.
4. Ich kann ..................... arbeiten.
5. Wir wandern am Sonntag .....................
6. Susanne kann ..................... gut Ski fahren.

7. Hier ist ..................... Kaffeemaschine.
8. Der Kaffee ist ..................... warm, er ist kalt.

## Lokale Präpositionen

| Woher? | Wo? | Wohin? |
|---|---|---|
| **Woher kommen Sie?** | **Wo wohnen/arbeiten/studieren Sie?** | **Wohin fahren Sie?** |
| Ich komme aus Italien. | Ich wohne in Italien. | Ich fahre nach Italien. |
| Ich komme aus Rom. | Ich wohne in Rom. | Ich fahre nach Rom. |

**Wo arbeiten/studieren Sie?**

Ich studiere/arbeite an der Universität in München.
Ich arbeite bei Siemens in München.

**C14** **Ergänzen Sie die Präpositionen.**

■ Peter wohnt *in* Marburg.

1. Er arbeitet als Informatiker ............. der Universität.

2. Am Wochenende fährt er ............. München.

3. Sarah kommt ............. Frankreich.

4. Sie studiert ............. der Universität ............. Paris Medizin.

5. Hans Behrens arbeitet ............. BASF ............. Ludwigshafen.

6. Susanne kommt auch ............. Ludwigshafen.

7. ............. Österreich wohnen 8,8 Millionen Menschen.

8. Wir fahren am Montag ............. Österreich.

## Fragen

**C15** **Ergänzen Sie die Fragewörter.**

| wie ▪ was ▪ wo ▪ woher ▪ welche |
|---|

■ *Wie* heißen Sie?

1. ............... Sprachen sprichst du?

2. ............... kommt ihr?

3. ............... sind Sie von Beruf?

4. ............... ist Ihre E-Mail-Adresse?

5. ............... wohnt er?

6. ............... kann ich hier Tennis spielen?

**C16** **Reagieren Sie.**

Wie heißen Sie? .................................................................................................

Wo wohnen Sie? .................................................................................................

Wie ist Ihre Telefonnummer? .................................................................................................

Was sind Sie von Beruf? .................................................................................................

Haben Sie Hobbys? .................................................................................................

Können Sie singen? .................................................................................................

Lernen Sie eine Sprache? .................................................................................................

Fahren Sie gern Fahrrad? .................................................................................................

Arbeiten Sie gern? .................................................................................................

## Rückblick

### D1 Wichtige Redemittel

Hören Sie die Redemittel. Sprechen Sie die Wendungen nach und übersetzen Sie sie in Ihre Muttersprache.

Zweisprachige Redemittellisten finden Sie hier: www.schubert-verlag.de/wortschatz

| Deutsch | Ihre Muttersprache |
|---|---|
| **Alltagskommunikation** | |
| Guten Morgen! | |
| Bitte sehr. | |
| Danke *(sehr)*./Danke schön./Vielen Dank. | |
| Herzlich willkommen! | |
| Wie geht es? | |
| Suchen Sie etwas? | |
| Vielleicht können wir später zusammen Kaffee trinken. | |
| Gerne. | |
| Bis später. | |
| **Am Arbeitsplatz** | |
| Das ist ein *(schönes)* Büro. | |
| Hoffentlich ist alles da: *(Stuhl, Computer, Drucker)*. | |
| Fehlt etwas? | |
| *(Die Kaffeemaschine)* funktioniert/geht nicht. | |
| *(Der Drucker)* ist kaputt. | |
| Ich kann nicht *(drucken)*. | |
| Was kostet *(der Bürostuhl)*? | |
| *(Der Bürostuhl)* kostet *(500 Euro)*. | |
| Das ist teuer! | |
| Das ist ein teurer Stuhl. | |
| **Abteilungen** | |
| • die Verwaltung: | |
| Hier kann man Rechnungen bezahlen. | |
| • die Cafeteria: | |
| Hier kann man Kaffee trinken. | |
| • die Kantine/die Mensa: | |
| Hier kann man etwas essen. | |
| • das Sekretariat: | |
| Hier kann man Informationen bekommen. | |
| • die Bibliothek: | |
| Hier kann man Bücher und Zeitungen lesen. | |
| • das Sprachenzentrum: | |
| Hier kann man Sprachkurse besuchen. | |

Freizeit

| | |
|---|---|
| Wie finden Sie *(Marburg)*? | ............................................. |
| Kochen Sie gern? | ............................................. |
| Was machen Sie am Wochenende? | ............................................. |
| Welches Instrument spielen Sie? | ............................................. |
| Ich spiele *(Klavier)*. | ............................................. |
| Ich kann leider *(kein Instrument)* spielen. | ............................................. |
| Ich kann leider nicht *(gut Salsa)* tanzen. | ............................................. |

**D2** **Kleines Wörterbuch der Verben**

| | | | |
|---|---|---|---|
| können | ich kann<br>wir können | du kannst<br>ihr könnt | er/sie kann<br>sie können |
| bekommen<br>*(Informationen bekommen)* | ich bekomme<br>wir bekommen | du bekommst<br>ihr bekommt | er/sie bekommt<br>sie bekommen |
| besuchen<br>*(einen Sprachkurs besuchen)* | ich besuche<br>wir besuchen | du besuchst<br>ihr besucht | er/sie besucht<br>sie besuchen |
| bezahlen<br>*(Rechnungen bezahlen)* | ich bezahle<br>wir bezahlen | du bezahlst<br>ihr bezahlt | er/sie bezahlt<br>sie bezahlen |
| drucken | ich drucke<br>wir drucken | du druckst<br>ihr druckt | er/sie druckt<br>sie drucken |
| essen | Hier kann man etwas essen. | | |
| fahren<br>*(Motorrad fahren)* | ich fahre<br>wir fahren | du fährst<br>ihr fahrt | er/sie fährt<br>sie fahren |
| fehlen | Es fehlt etwas. | | |
| finden | Das finde ich auch.<br>Wie finden Sie Marburg? | | |
| fotografieren | ich fotografiere<br>wir fotografieren | du fotografierst<br>ihr fotografiert | er/sie fotografiert<br>sie fotografieren |
| funktionieren | Das Gerät funktioniert nicht. | | |
| gehen | Der Drucker geht nicht.<br>Wie geht es? | | |
| kochen | ich koche<br>wir kochen | du kochst<br>ihr kocht | er/sie kocht<br>sie kochen |
| kosten<br>*(Geld kosten)* | Die Lampe kostet …<br>Die Bücher kosten … | | |
| machen<br>*(Yoga machen)* | ich mache<br>wir machen | du machst<br>ihr macht | er/sie macht<br>sie machen |
| reisen | ich reise<br>wir reisen | du reist<br>ihr reist | er/sie reist<br>sie reisen |
| suchen<br>*(ein Buch suchen)* | ich suche<br>wir suchen | du suchst<br>ihr sucht | er/sie sucht<br>sie suchen |

| suchen *(ein Buch suchen)* | ich suche wir suchen | du suchst ihr sucht | er sucht sie suchen |
|---|---|---|---|
| surfen *(im Internet surfen)* | ich surfe wir surfen | du surfst ihr surft | er surft sie surfen |
| stehen | Im Büro steht ein Schreibtisch. | | |
| tanzen | ich tanze wir tanzen | du tanzt ihr tanzt | er tanzt sie tanzen |
| telefonieren | ich telefoniere wir telefonieren | du telefonierst ihr telefoniert | er telefoniert sie telefonieren |
| trinken *(Kaffee trinken)* | ich trinke wir trinken | du trinkst ihr trinkt | er trinkt sie trinken |
| wandern | ich wandere wir wandern | du wanderst ihr wandert | er wandert sie wandern |

**D3** **Evaluation**
Überprüfen Sie sich selbst.

| Ich kann | gut | nicht so gut |
|---|---|---|
| Ich kann wichtige Bürogegenstände und kaputte Geräte benennen. | ☐ | ☐ |
| Ich kann über Preise sprechen. | ☐ | ☐ |
| Ich kann einige Abteilungen kurz beschreiben. | ☐ | ☐ |
| Ich kann einfache Gespräche über Hobbys und Freizeit verstehen und führen. | ☐ | ☐ |
| Ich kann die Wochentage nennen. | ☐ | ☐ |
| Ich kann eine Grafik beschreiben. *(fakultativ)* | ☐ | ☐ |

# Unterwegs in München

## Kommunikation

- Ein Hotelzimmer reservieren
- Sich im Hotel anmelden
- Probleme im Hotelzimmer benennen
- Sich in einer Stadt orientieren
- Informationen über Museen erfragen (Öffnungszeiten/Eintrittspreise)

## Wortschatz

- Hotel
- Wörter auf dem Stadtplan
- Sehenswürdigkeiten
- Zeitangaben: die Uhrzeit, die Tageszeit

## Im Hotel

**A1**    **An der Rezeption**
Hören und lesen Sie.

1.34

| | |
|---|---|
| Herr Heinemann: | Guten Tag, haben Sie noch ein Zimmer frei? |
| Rezeptionistin: | Grüß Gott! Haben Sie eine Reservierung? |
| Herr Heinemann: | Nein, wir haben leider keine Reservierung. Wir möchten gerne zwei Einzelzimmer. |
| Rezeptionistin: | Zwei Einzelzimmer? Moment mal … Ja, Sie haben Glück. Wir haben noch Einzelzimmer frei. Wie lange möchten Sie bleiben? |
| Herr Heinemann: | Zwei Nächte. Was kostet ein Einzelzimmer? |
| Rezeptionistin: | Das Zimmer kostet 75,– Euro pro Nacht. |
| Herr Heinemann: | Mit Frühstück? |
| Rezeptionistin: | Nein, der Preis ist ohne Frühstück. Das Frühstück kostet 20,– Euro extra. |
| Herr Heinemann: | Das ist teuer! Hat das Zimmer einen Schreibtisch? Ich möchte noch arbeiten. |
| Rezeptionistin: | Ja, alle Zimmer haben einen Schreibtisch, einen Fernseher, eine Minibar, ein Bad und WLAN. |
| Herr Heinemann: | Gibt es auch ein Hotelrestaurant? |
| Rezeptionistin: | Ja, natürlich. Ein italienisches Spezialitätenrestaurant. |
| Herr Heinemann: | Gut, wir nehmen die Zimmer. |
| Rezeptionistin: | Ich brauche noch Ihre Adresse. |
| Herr Heinemann: | Hauptstraße 25, in Marburg. |
| Rezeptionistin: | Wie ist Ihre Postleitzahl? |
| Herr Heinemann: | 35037. |
| Rezeptionistin: | Danke. Zahlen Sie mit Kreditkarte? |
| Herr Heinemann: | Nein, ich zahle bar. Und du? |
| Herr Wegener: | Ich zahle lieber mit Kreditkarte. |
| Rezeptionistin: | Das sind Ihre Zimmerschlüssel. Der WLAN-Code steht hier. *Ihre* Zimmernummer ist die 405 und *Ihre* Zimmernummer ist die 407. Schönen Aufenthalt! |
| Herr Heinemann: | Danke schön. |
| Herr Wegener: | Danke. |

| | Begrüßung | Verabschiedung |
|---|---|---|
| bis ca. 10.00 Uhr | Guten Morgen! | Auf Wiedersehen! *(formell)* |
| ca. 10.00 bis 18.00 Uhr | Guten Tag! Hallo! *(informell)* | Tschüss! *(informell)* |
| ab ca. 18.00 Uhr | Guten Abend! | |
| in Bayern und Österreich | Grüß Gott! | Auf Wiederschauen! |
| in der Schweiz | Grüezi! | |

## A2 Ein Gespräch mit der Hotelrezeption
### Spielen Sie Dialoge.

Gast

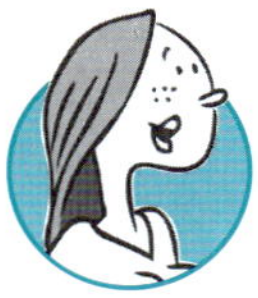

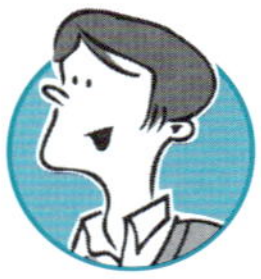

Guten Tag. Haben Sie noch ein Zimmer frei?

Möchten Sie ein   Einzelzimmer?
Doppelzimmer?
Dreibettzimmer?

Rezeptionist

Ja, ein ................................................. bitte.

Nein, ich möchte ein .....................................

Wie lange möchten Sie bleiben?

Eine Nacht/............... Nächte.

Hat das Zimmer   ein Bad?
einen Schreibtisch?
einen Fernseher?
eine Minibar?
WLAN?

Ja, unsere Zimmer haben alle …

Nein, unsere Zimmer haben   kein Bad.
keinen Schreibtisch.
keinen Fernseher.
keine Minibar.
kein WLAN.

Wie viel/Was kostet das Zimmer?

.......... Euro pro Nacht.

73

Gut, ich nehme es.

---

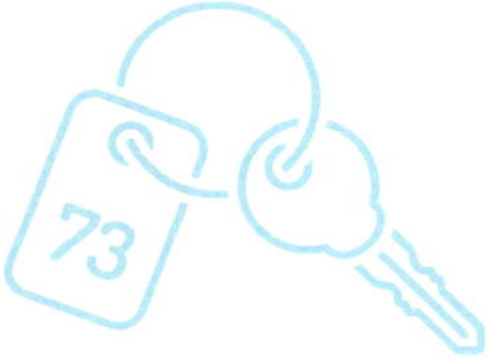

### Verben mit Akkusativ
⇨ Teil C Seite 77

#### Das Verb regiert im Satz.

Ich          brauche          Ihre Adresse.

brauchen

NOMINATIV          AKKUSATIV

Das Zimmer          hat          einen Fernseher.

haben

NOMINATIV          AKKUSATIV

#### Die Nomengruppe

|  | Singular maskulin | Singular feminin | Singular neutral | Plural |
|---|---|---|---|---|
| Nominativ | der Fernseher | die Lampe | das Bad | die Zimmer |
| Akkusativ | den Fernseher | die Lampe | das Bad | die Zimmer |
|  | einen Fernseher | eine Lampe | ein Bad | Zimmer |
|  | keinen Fernseher | keine Lampe | kein Bad | keine Zimmer |

**A3**　**Haben Sie …?**
Formulieren Sie Fragen.

- haben – du – Fernseher　　　*Hast du einen Fernseher?*
1. haben – Sie – Computer　　　..................................................
2. brauchen – ihr – Radio　　　..................................................
3. möchten – du – Fahrrad　　　..................................................
4. haben – ihr – Auto　　　..................................................
5. möchten – Sie – Tasse Kaffee　　　..................................................
6. brauchen – du – Stuhl　　　..................................................
7. haben – Sie – Saxofon　　　..................................................
8. möchten – Sie – Zeitung　　　..................................................
9. brauchen – Sie – Schreibtisch　　　..................................................
10. haben – du – Kreditkarte　　　..................................................
11. möchten – Sie – Doppelzimmer　　　..................................................

| möchte(n) | | ⇨ Teil C Seite 80 |
|---|---|---|
| Singular | ich | möchte |
| | du | möchtest |
| | er/sie/es | möchte ! |
| Plural | wir | möchten |
| | ihr | möchtet |
| | sie | möchten |
| formell | Sie | möchten |

| haben | | |
|---|---|---|
| Singular | ich | habe |
| | du | hast ! |
| | er/sie/es | hat ! |
| Plural | wir | haben |
| | ihr | habt |
| | sie | haben |
| formell | Sie | haben |

**A4**　**Hotels in München**
Sie suchen im Internet ein Hotel in München.
Lesen Sie die Angebote in einem Internetportal.

### Hotel Central

| | |
|---|---|
| **Adresse:** | Nußbaumstraße 2, München |
| **Zimmeranzahl:** | 56 |
| **Kreditkarten:** | American Express, VISA, Mastercard, Diners Club |
| **Anreise:** | ab 14.00 Uhr |
| **Abreise:** | bis 12.00 Uhr |
| **Sterne:** | ★★★ |
| **Lage:** | im Zentrum von München |
| **Preise:** | Einzelzimmer: 55 bis 69 Euro pro Zimmer mit Frühstück Doppelzimmer: 69 bis 89 Euro pro Zimmer mit Frühstück |
| **Zimmerausstattung:** | Bad mit WC, Haartrockner, Fernseher, Radio, WLAN, Telefon, Schreibtisch, Balkon |
| **Besonderheiten:** | Tiefgarage, 13 Euro pro Tag |

### Hotel Krone

| | |
|---|---|
| **Adresse:** | Goethestraße 9, München |
| **Zimmeranzahl:** | 23 |
| **Kreditkarten:** | American Express, VISA, Mastercard |
| **Anreise:** | ab 15.00 Uhr |
| **Abreise:** | bis 12.00 Uhr |
| **Sterne:** | ★★ |
| **Lage:** | im Zentrum von München, wenige Minuten vom Hauptbahnhof entfernt |
| **Preise:** | Einzelzimmer: 50 bis 160 Euro pro Zimmer mit Frühstück Doppelzimmer: 66 bis 175 Euro pro Zimmer mit Frühstück Dreibettzimmer: 86 bis 220 Euro pro Zimmer mit Frühstück |
| **Zimmerausstattung:** | Dusche mit WC, Haartrockner, Fernseher, Radio, WLAN, Schreibtisch |

## Hotel Am Park

| | |
|---|---|
| **Adresse:** | Ridlerstraße 2, München |
| **Zimmeranzahl:** | 258 |
| **Kreditkarten:** | American Express, VISA, Euro-/Mastercard, Diners Club |
| **Anreise:** | ab 15.00 Uhr |
| **Abreise:** | bis 12.00 Uhr |
| **Sterne:** | ★ ★ ★ ★ |
| **Lage:** | Theresienwiese, wenige Minuten vom Stadtzentrum entfernt |
| **Preise:** | Einzelzimmer: 255 bis 325 Euro pro Zimmer ohne Frühstück Doppelzimmer: 275 bis 350 Euro pro Zimmer ohne Frühstück |
| **Zimmerausstattung:** | Bad mit WC, Haartrockner, Radio, WLAN, Satelliten-Fernseher, Schreibtisch, Minibar, Hosenbügler, Zimmersafe |
| **Besonderheiten:** | Parkplatz, Restaurant, Bar, Schwimmbad, Sauna, Fitnesscenter |

### A5 Welches Hotel nehmen Sie?
Antworten Sie.

Ich nehme das Hotel ...........................................................

Es liegt ...........................................................

Es hat ............... Sterne.

Das Einzelzimmer/Doppelzimmer kostet zwischen ...........................................

Der Preis ist mit/ohne ...........................................

Alle Zimmer haben: ...........................................................

Außerdem hat das Hotel noch/gibt es im Hotel noch ...........................................................

Im Hotel gibt es aber keinen/keine/kein ...........................................................

### A6 Informationen
Lesen Sie die Fragen und antworten Sie. Arbeiten Sie zu zweit.
Hören Sie danach die Fragen und Antworten zur Kontrolle.

■ Wie viel kostet ein Doppelzimmer im Hotel Central?  *Es kostet zwischen 69 und 89 Euro.*

1. Ist der Preis mit oder ohne Frühstück? ...........................................

2. Wie viele Sterne hat das Hotel Krone? ...........................................

3. Welche Besonderheit hat das Hotel Central? ...........................................

4. Wie ist die Zimmerausstattung im Hotel Krone? ...........................................

5. Wie ist die Adresse vom Hotel Krone? ...........................................

6. Wie viele Zimmer hat das Hotel Central? ...........................................

7. Gibt es ein Fitnesscenter im Hotel Am Park? ...........................................

8. Wie viel kostet ein Dreibettzimmer im Hotel Krone? ...........................................

9. Liegt das Hotel Krone im Zentrum von München? ...........................................

10. Wie viel kostet ein Einzelzimmer im Hotel Am Park? ...........................................

11. Gibt es im Hotel Krone eine Tiefgarage? ...........................................

12. Wie viele Sterne hat das Hotel Am Park? ...........................................

13. Kann man im Hotel Am Park etwas essen? ...........................................

**A7** **Persönliche Angaben**

Ergänzen Sie das Anmeldeformular mit Angaben zu Ihrer Person.

---

Anmeldeformular

HOTEL ROYAL

Zimmer-Nr. *405*         Anreisetag *17.05.20*
Anzahl Personen *1*      Abreisetag *19.05.20*

Herr/Frau                Name                     Vorname

Geburtsort               Geburtsdatum             Staatsangehörigkeit

Land                     Postleitzahl, Wohnort    Straße, Hausnummer

Telefon                  E-Mail                   Beruf

Datum                    Unterschrift

---

**A8** **Dialog**

Ergänzen Sie die passenden Verben und lesen Sie den Dialog laut.

bleiben ▪ kosten ▪ **möchte(n)** ▪ zahlen ▪ haben (4 ×) ▪ sein (2 ×) ▪ nehmen

| | |
|---|---|
| Gast: | Guten Tag. Ich *möchte* gern ein Zimmer. ..................... Sie noch Einzelzimmer? |
| Rezeptionist: | Ja, wir ..................... noch Einzelzimmer. Wie lange möchten Sie .....................? |
| Gast: | Eine Nacht. Was ..................... das Zimmer? |
| Rezeptionist: | 120 Euro. |
| Gast: | 120 Euro. Das ..................... teuer! |
| Rezeptionist: | Der Preis ..................... inklusive Frühstück. |
| Gast: | ..................... das Zimmer WLAN? |
| Rezeptionist: | Ja, alle Zimmer ..................... WLAN. |
| Gast: | Gut. Ich ..................... das Zimmer. Kann ich mit Kreditkarte .....................? |
| Rezeptionist: | Ja, mit VISA oder Mastercard. |

**A9** **der – die – das**

Ordnen Sie zu. Benutzen Sie dabei ein Wörterbuch und merken Sie sich das Nomen mit Artikel.

**Zimmer** ▪ Preis ▪ Hotel ▪ Fernseher ▪ Restaurant ▪ Tiefgarage ▪ Parkplatz ▪ Fitnesscenter ▪ Minibar ▪ Hauptbahnhof ▪ Adresse ▪ Bad ▪ Haartrockner ▪ Frühstück ▪ Stadtzentrum ▪ Dusche ▪ Kreditkarte ▪ Zimmersafe ▪ Balkon ▪ Hosenbügler ▪ Bett ▪ Internet/WLAN ▪ Radio ▪ Zimmerschlüssel

| der/ein | die/eine | das/ein |
|---|---|---|
| | | *das Zimmer* |
| | | |
| | | |
| | | |
| | | |
| | | |
| | | |

 **A10** **Phonetik: -er [ɐ]**
Hören und wiederholen Sie.

- das Zimmer – das Fitnesscenter
- der Fernseher – der Drucker – der Haartrockner – der Hosenbügler –
  der Kellner – der Kugelschreiber – der Informatiker

---

**Die Nomengruppe: *ein – eine – ein* oder *der – die – das*?**

| Es gibt im Zimmer | einen | Schreibtisch. | Ich finde | den | Schreibtisch sehr klein. |
| Das Zimmer hat auch | eine | Minibar. | | Die | Minibar ist leer. |
| Das Zimmer hat | ein | Doppelbett. | | Das | Doppelbett ist sehr schmal. |

       ↓                  ↓

     unbestimmter Artikel           bestimmter Artikel

---

**A11** **Was brauchen Sie unbedingt?**
Was finden Sie im Hotel/im Hotelzimmer wichtig/unwichtig?

Fernseher ▪ Telefon ▪ Tiefgarage ▪ Parkplatz ▪ Fitnesscenter ▪ Minibar ▪ Haartrockner/Föhn ▪ Schreibtisch ▪
Bad ▪ Zimmersafe ▪ Hosenbügler ▪ Dusche ▪ Einzelbett ▪ Doppelbett ▪ extra Sessel ▪ WLAN ▪ Schwimmbad ▪
Balkon ▪ Restaurant ▪ Sauna ▪ Wellnessbereich

Ich brauche unbedingt einen/eine/ein .................................................................

Ich finde einen/eine/ein .................................................... wichtig.

Einen/eine/ein .................................................... finde ich unwichtig/brauche ich nicht.

 **A12** **Im Hotelzimmer**
Hören und lesen Sie.

| Herr Heinemann: | Ist dort die Rezeption? |
| Rezeptionistin: | Ja. Sie wünschen? |
| Herr Heinemann: | Hier ist Peter Heinemann, Zimmer 405. Ich habe ein Problem, nein – ich habe mehrere Probleme. Die Dusche ist kaputt, es gibt keine Handtücher und kein Toilettenpapier und der Fernseher geht auch nicht. |
| Rezeptionistin: | Das kann doch nicht sein! |
| Herr Heinemann: | Bitte kommen Sie doch und sehen Sie selbst. |
| Rezeptionistin: | Einen Moment bitte, ich komme. Wir bringen das sofort in Ordnung. |

Bitte kommen Sie *doch*! ➞ Man ist irritiert, aufgeregt.

                viele

          mehrere    Probleme.

Ich habe    ein      Probleme

      Problem

**A13** **Probleme**

Spielen Sie die Dialoge.

Fernseher ▪ Bett ▪ Bad ▪ Minibar ▪ Haartrockner ▪ Dusche ▪ Telefon ▪ Radio ▪ Handtücher ▪ Kopfkissen …
kaputt ▪ hart ▪ sehr klein ▪ leer ▪ schmutzig ▪ funktioniert nicht ▪ geht nicht ▪ zu dunkel ▪ zu laut ▪ es gibt
keinen/keine/kein …

Ist dort die Rezeption?

Ja, Sie wünschen?

Gast

Hier ist ............................. Zimmer ...............
Ich habe ein Problem: .........................................
Ich brauche .........................................

Rezeptionist

Das bringen wir in Ordnung.

 **A14** **Phonetik: Umlaute – ö [øː] und [œ]**

Hören und wiederholen Sie.

1.38

**schön – langes ö [øː]**

hören – schön – Danke schön!

Wir hören gern Musik. ↘
Das ist ein schöner Stuhl. ↘

**Wörter – kurzes ö [œ]**

zwölf – Wörter – Wörterbuch – können – möchten – öffnen

Meine Kinder können schon zwölf deutsche Wörter schreiben. ↘
Im Regal steht ein altes Wörterbuch. ↘
Könnt ihr das Wort buchstabieren? ↗
Sind das elf oder zwölf Wörter? ↗
Möchten Sie ein Doppelzimmer? ↗

**Was hören Sie? ö oder e?**

k….nnen     k….nnen     zw….lf     l….sen     ….ffnen     s….nden     ….lf

**A15** **Ich kann nicht …**

Ergänzen Sie die Verben.

bezahlen = zahlen

duschen ▪ sehen ▪ **bezahlen** ▪ sitzen ▪ schlafen ▪ lesen ▪ telefonieren ▪ arbeiten ▪ senden ▪ öffnen ▪ parken

| | |
|---|---|
| ■ Meine Kreditkarte ist weg. | Ich kann nicht *bezahlen.* |
| 1. Die Dusche ist kaputt. | Ich kann nicht ......................................... |
| 2. Der Fernseher geht nicht. | Ich kann keinen Film ......................................... |
| 3. Mein Zimmerschlüssel ist weg. | Ich kann die Tür nicht ......................................... |
| 4. Das Bett ist zu hart. | Ich kann nicht ......................................... |
| 5. Der Sessel ist nicht stabil. | Man kann nicht ......................................... |
| 6. Im Zimmer gibt es keinen Schreibtisch. | Ich kann nicht ......................................... |
| 7. Das Telefon funktioniert nicht. | Ich kann nicht ......................................... |
| 8. Ich habe kein WLAN. | Ich kann keine E-Mails ......................................... |
| 9. Die Lampe ist kaputt. | Ich kann nicht ......................................... |
| 10. Es gibt keine Tiefgarage. | Ich kann mein Auto hier nicht ......................................... |

**Die Nomengruppe**

⇨ Teil C Seite 74

| | Singular | | | Plural |
|---|---|---|---|---|
| | maskulin | feminin | neutral | |
| Nominativ | de**r** Fernseher<br>de**r** alte Fernseher<br>ein alte**r** Fernseher | di**e** Lampe<br>di**e** neue Lampe<br>ein**e** neue Lampe | da**s** Radio<br>da**s** moderne Radio<br>ein moderne**s** Radio | di**e** Zimmer<br>di**e** kleinen Zimmer<br>kein**e** kleinen Zimmer |
| Akkusativ | de**n** Fernseher<br>de**n** alten Fernseher<br>eine**n** alten Fernseher | | | |

**A16** **Die Nomengruppe im Nominativ**
Ergänzen Sie die Artikel und Adjektivendungen.

- d*er* neu*e* Fernseher

1. d....... schön....... Uhr

2. d....... alt....... Auto

3. Ist d....... teur....... Kaffeemaschine kaputt?

4. d....... neu....... iPad

5. d....... modern....... Lampe

6. d....... alt....... Computer

7. d....... bequem....... Stuhl

**A17** **Die Nomengruppe im Akkusativ**
Ergänzen Sie die Sätze wie im Beispiel.

- Ich brauche *(neu, Fernseher)* *einen neuen Fernseher.*

1. Martin möchte *(groß, Schreibtisch)* ..................................................................

2. Wir brauchen *(alt, Auto)* ..................................................................

3. Herr Krumm möchte *(teuer , Uhr)* ..................................................................

4. Ich habe *(bequem, Sessel)* ..................................................................

5. Er möchte *(kalt, Bier)* ..................................................................

6. Wir brauchen *(groß, Doppelzimmer)* ..................................................................

7. Ich möchte *(weich, Bett)* ..................................................................

8. Der neue Informatiker hat *(gut, Drucker)* ..................................................................

9. Das moderne Hotel hat *(französisch, Spezialitätenrestaurant)* ..................................................................

10. Meine Freundin möchte *(interessant, Buch)* ..................................................................

**Und Sie? Was brauchen Sie für Ihr Büro?**

Computer · Lampe · Regal · Schreibtisch · Drucker · Kaffeemaschine · Handy · Stuhl · iPad ...

Für mein Büro brauche ich ...

## Der Stadtplan

**A18** **Was es in einer Stadt alles gibt …**

a) Hören und lesen Sie die Wörter auf dem Stadtplan. Welche Wörter kennen Sie?

die Touristeninformation • das Museum • das Theater • die Oper • das Kino • der Bahnhof • das Hotel • das Rathaus • das Restaurant • der Parkplatz • die Bank • die Post • die Universität • die Apotheke • das Café • der Supermarkt

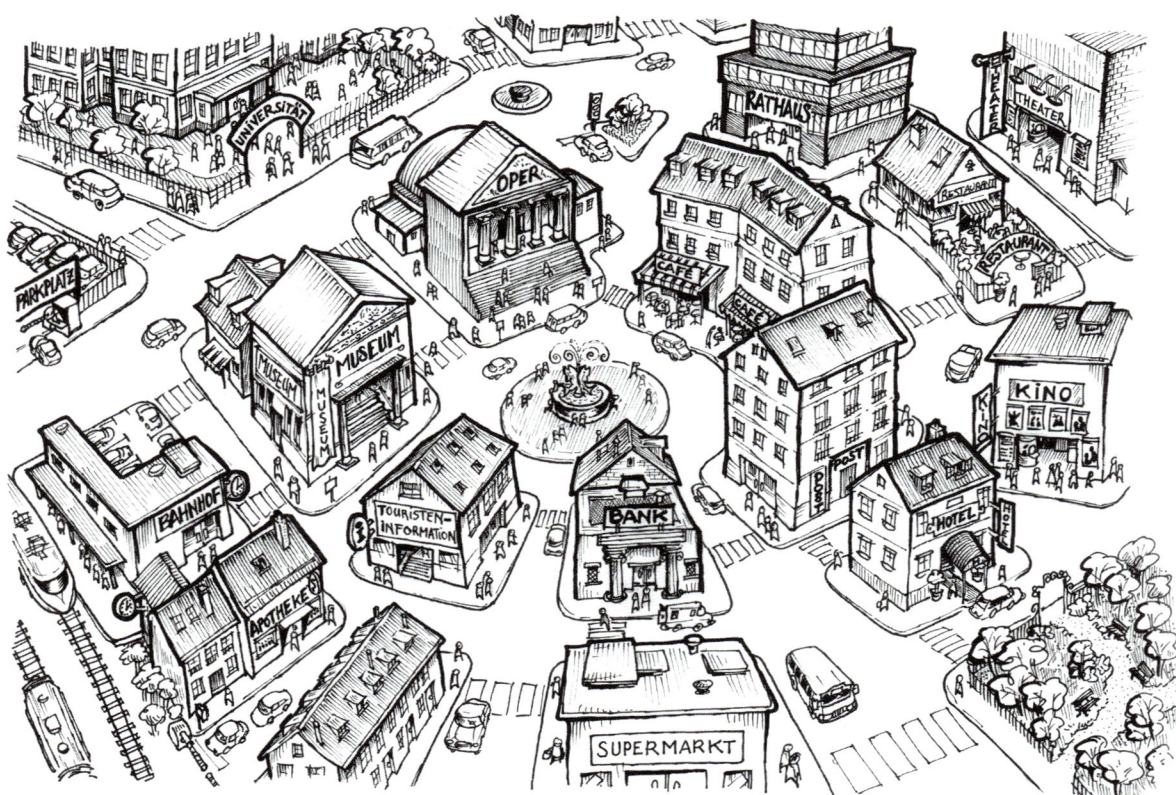

b) Was kann man wo? Welches Nomen passt? Ordnen Sie zu.

Hier kann man:

■ Informationen bekommen: *die Touristeninformation*

1. übernachten: ...............................................
2. etwas essen: ................................................
3. sein Auto parken: .......................................
4. einen Film sehen: ......................................
5. studieren: ..................................................
6. berühmte Bilder bewundern: .......................
7. eine Aspirintablette kaufen: .........................

8. eine Oper oder ein Theaterstück sehen: ...................
9. eine Tasse Kaffee trinken: ...............................
10. Geld bekommen: ............................................
11. Briefmarken kaufen: .......................................
12. Lebensmittel kaufen: ......................................
13. Hier regiert der Bürgermeister: .......................
14. Hier halten Züge: ..........................................

c) Was gibt es in Ihrer Heimatstadt? Was gibt es nicht? Berichten Sie.

In *(Heidelberg)* gibt es eine Touristeninformation. Dort kann man Informationen bekommen.
In *(Heidelberg)* gibt es keine Touristeninformation.

**A19   Phonetik: Umlaute – ü [y:] und [ʏ]**
Hören und wiederholen Sie.

| Frühstück – langes *ü* [y:] | fünf – kurzes *ü* [ʏ] |

Frühstück – für – natürlich – Bücher – Handtücher – Züge

fünf – Schlüssel – wünschen – München – Münzen – Glück

Möchten Sie neue Handtücher? ↗
Natürlich lese ich Bücher! ↘
Das Frühstück ist im Hotelrestaurant. ↘

Ich habe fünf Münzen aus Griechenland. ↘
Hier ist Ihr Zimmerschlüssel. ↘
Sie wünschen? ↗
Ich fahre nach München. ↘

Was hören Sie: *ü* oder *ie/i*?

B......cher          v......r          T......r          Z......mmer          Gl......ck          f......nf          sp......len

## In München

**A20   Sehenswürdigkeiten**

Es ist Samstag. Peter Heinemann möchte etwas unternehmen, vielleicht ein Museum besuchen oder spazieren gehen. In einem Prospekt findet Peter die folgenden Informationen.

Lesen Sie die Informationen.

### *Das Deutsche Museum*

**Information:**
Segelschiffe, Windmühlen, Industrieroboter, Raumsonden – das alles finden Sie im **Deutschen Museum**. Das **Deutsche Museum** ist ein naturwissenschaftlich-technisches Museum. Es zeigt viele technische Erfindungen und hat eine Ausstellungsfläche von 50.000 qm (Quadratmeter).

**Adresse:**
Museumsinsel 1, 80538 München
Tel.: (089) 2179333

**Öffnungszeiten:**
Täglich 9.00 bis 17.00 Uhr

**Eintrittspreise:**

| | |
|---|---|
| Tageskarte | 14,00 Euro |
| Schüler- und Studentenkarte | 4,50 Euro |
| Familienkarte | 29,00 Euro |

### *Der Englische Garten*

**Information:**
Der Englische Garten ist 373 ha (Hektar) groß und 200 Jahre alt. Er bietet viele Freizeitmöglichkeiten. Man kann dort lange Spaziergänge machen oder im Biergarten ein kühles Bier trinken und etwas essen.

**Adresse:**
Zwischen Prinzregentenstraße und Freimann

**Öffnungszeiten:**
Immer geöffnet

**Eintrittspreise:**
Eintritt frei

Sehenswürdigkeiten in *München*

Sehenswürdigkeiten in *München*

## A21 Sehenswürdigkeiten in München

Hören Sie die Dialoge und ergänzen Sie die Angaben.

### Die Pinakothek der Moderne

**Information:**

Die Pinakothek der Moderne zeigt bedeutende Kunstwerke aus dem 20. Jahrhundert. Man kann dort Bilder von Wassily Kandinsky, Paul Klee, Pablo Picasso oder René Magritte bewundern.

**Adresse:**

Kunstareal München, Barer Str. 40, 80333 München
Tel.: (089) 23805360

**Öffnungszeiten:**

| | |
|---|---|
| Von Dienstag bis Sonntag | ......... bis 18.00 Uhr |
| Donnerstag | 10.00 bis ......... Uhr |
| ........................... | geschlossen |

**Eintrittspreise:**

| | |
|---|---|
| Tageskarte | ......... Euro |
| Schüler- und Studentenkarte | ......... Euro |
| sonntags | 1,00 Euro |

### Das BMW Museum

**Information:**

Das BMW Museum zeigt die Geschichte des Unternehmens BMW. Hier können Besucher auch 125 besondere Autos und Motorräder sehen.

**Adresse:**

Am Olympiapark ........., 80809 München

Tel. : (089) 125016001

**Öffnungszeiten:**

| | |
|---|---|
| Dienstag bis .................. | 10.00 bis ......... Uhr |
| ........................... | Ruhetag |

**Eintrittspreise:**

| | |
|---|---|
| Tageskarte | ......... Euro |
| Schüler- und Studentenkarte | 7,00 Euro |

## A22 Zeitangaben

Lesen und ergänzen Sie.

### Uhrzeit

| | |
|---|---|
| Wann/Wie lange ist/hat das Museum geöffnet? | Von 9.00 Uhr bis 18.00 Uhr. |
| Wann öffnet das Museum? | Um 9.00 Uhr. |
| Wann schließt das Museum? | Um 18.00 Uhr. |

### Tage

| | |
|---|---|
| Wann ist das Museum geöffnet? | am Montag/am Dienstag … |
| Wann hat das Museum geöffnet? | am Wochenende |
| | von Montag bis Sonntag = täglich |
| | montags  (jeden Montag) |
| | *dienstags*          *mitt.*............... |
| | ....................... ....................... |
| | ....................... ....................... |

### A23 Textinformationen

Geben Sie die Informationen wieder. Hören Sie danach die Lösungen zur Kontrolle.

**Wann hat das Museum geöffnet?**

| | |
|---|---|
| Das Deutsche Museum | *hat täglich von 9.00 bis 17.00 Uhr geöffnet.* |
| Die Pinakothek der Moderne | .................................................................................. |
| Das BMW Museum | .................................................................................. |
| Der Englische Garten | .................................................................................. |

**Wann öffnet und schließt das Museum?**

| | |
|---|---|
| Das Deutsche Museum | *öffnet um 9.00 und schließt um 17.00 Uhr.* |
| Die Pinakothek der Moderne | .................................................................................. |
| Das BMW Museum | .................................................................................. |

**Wie viel kostet eine Eintrittskarte?**

Das BMW Museum: *Eine Tageskarte für das BMW Museum kostet 10 Euro. Schüler und Studenten zahlen 7 Euro.*

Das Deutsche Museum: *Eine Tageskarte für das Deutsche Museum kostet* ..........................

*Eine Studentenkarte* ..........................................................

Die Pinakothek der Moderne: ..................................................................................

..................................................................................

Der Englische Garten: ..................................................................................

..................................................................................

### A24 Was bieten die Museen?

Ordnen Sie zu.

hat bedeutende Kunstwerke von Pablo Picasso ▪ kann man 125 besondere Autos und Motorräder sehen ▪ bietet viele Freizeitmöglichkeiten ▪ zeigt viele technische Erfindungen

1. Das Deutsche Museum   ..................................................................................
2. Die Pinakothek der Moderne   ..................................................................................
3. Im BMW Museum   ..................................................................................
4. Der Englische Garten   ..................................................................................

### A25 Was möchten Sie besuchen?

Entscheiden Sie.

Ich möchte .......................................... besuchen.

Dort kann man ..........................................

Ich finde .......................................... sehr interessant.

..........................................

**Satzbau**

Ich möchte das BMW Museum besuchen.

Dort kann man viele Informationen über Autos bekommen.

**A26** **Informationen über Museen**

Lesen Sie die Informationen und spielen Sie Dialoge.

| | Öffnungszeiten | Eintrittspreise |
|---|---|---|
| **Stadtmuseum** | Di.–So. 10.00 bis 18.00 Uhr<br>am Montag geschlossen | 2,50 Euro<br>Schüler und Studenten 1,50 Euro<br>sonntags frei |
| **Ägyptisches Museum** | Di.–Sa. 13.00 bis 17.00 Uhr<br>So. und Mo. geschlossen | 9,50 Euro<br>Schüler und Studenten 5,00 Euro |
| **Museum für moderne Kunst** | Mo.–So. 10.00 bis 19.00 Uhr | 8,00 Euro<br>Schüler und Studenten 4,00 Euro<br>sonntags 1,00 Euro |
| **Fotomuseum** | Mo.–Fr. 14.00 bis 18.00 Uhr<br>Sa. und So. geschlossen | 1,00 Euro für alle |
| **Industriemuseum** | Mo.–Sa. 9.00 bis 18.00 Uhr<br>So. geschlossen | 4,00 Euro<br>für Schüler und Studenten frei |
| **Museum für Natur und Technik** | Mi.–So. 10.00 bis 17.00 Uhr<br>Mo. und Di. geschlossen | 7,00 Euro für alle |

a)  nach Öffnungszeiten fragen

Ja, guten Tag. Ich habe eine Frage.
Wann hat das Stadtmuseum geöffnet?

Das Stadtmuseum hat
von … bis … geöffnet.

Haben Sie immer geöffnet, von Montag bis Sonntag?

Wir haben von … bis … geöffnet.
Nein, am … ist das Museum geschlossen.

Und wie viel kostet eine Eintrittskarte?

Eine Eintrittskarte kostet …

b)  Eintrittskarten kaufen

Guten Tag. Zwei Tageskarten/Studentenkarten/
Eine Familienkarte bitte.

Das kostet … Euro.

Kann ich mit Kreditkarte bezahlen?

Ja, mit Kreditkarte oder mit Bargeld.

Gibt es eine Cafeteria/ein Restaurant im Museum?

Ja,  wir haben eine/ein …
Nein, wir haben leider keine/kein …

Danke für die Auskunft.

### A27  Eine E-Mail an Klara
Lesen Sie die E-Mail von Peter.

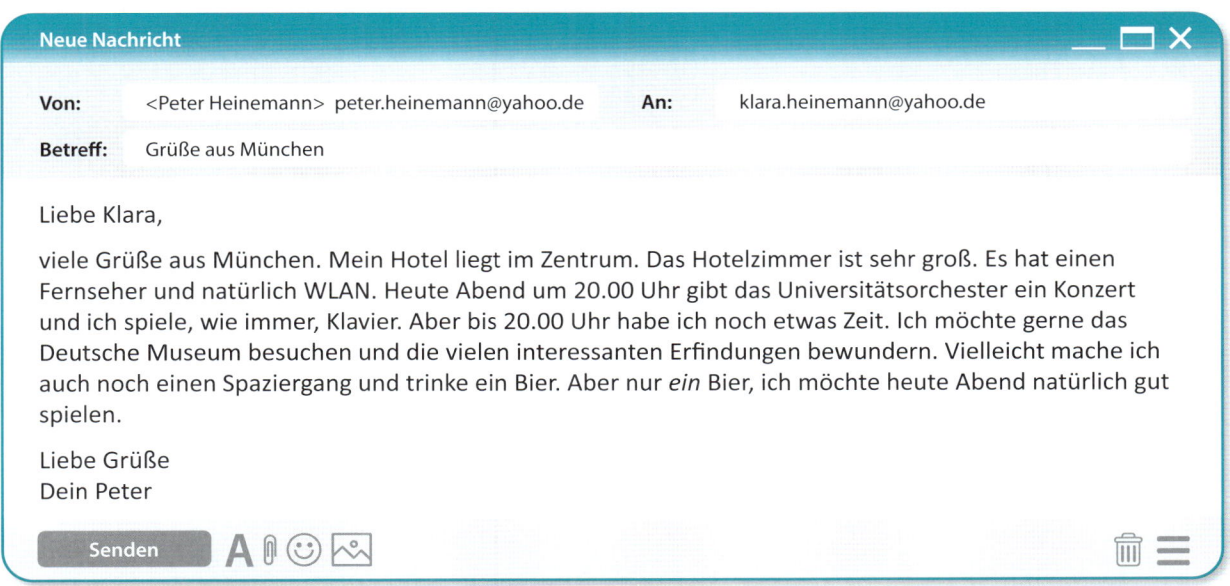

**Neue Nachricht**

**Von:** \<Peter Heinemann\> peter.heinemann@yahoo.de  **An:** klara.heinemann@yahoo.de

**Betreff:** Grüße aus München

Liebe Klara,

viele Grüße aus München. Mein Hotel liegt im Zentrum. Das Hotelzimmer ist sehr groß. Es hat einen Fernseher und natürlich WLAN. Heute Abend um 20.00 Uhr gibt das Universitätsorchester ein Konzert und ich spiele, wie immer, Klavier. Aber bis 20.00 Uhr habe ich noch etwas Zeit. Ich möchte gerne das Deutsche Museum besuchen und die vielen interessanten Erfindungen bewundern. Vielleicht mache ich auch noch einen Spaziergang und trinke ein Bier. Aber nur *ein* Bier, ich möchte heute Abend natürlich gut spielen.

Liebe Grüße
Dein Peter

**Senden**

### Zeitangaben

| die Sekunde (Sekunden) | **der Tag** | tagsüber |
|---|---|---|
| die Minute (Minuten) | | vorgestern ← gestern ← **heute** → morgen → übermorgen |
| die Stunde (Stunden) | | |
| der Tag (Tage) | **die Tageszeit** | ca.  8–10 Uhr  der Morgen  morgens |
| der Monat (Monate) | | ca. 10–12 Uhr  der Vormittag  vormittags |
| das Jahr (Jahre) | | ca. 12–14 Uhr  der Mittag  mittags |
| | | ca. 14–18 Uhr  der Nachmittag  nachmittags |
| | | ca. 18–22 Uhr  der Abend  abends |
| | | ab ca. 22 Uhr  die Nacht  nachts |

### A28  Eine E-Mail schreiben
Schreiben Sie eine E-Mail aus München.

> Grüße aus München ▪ Hotel liegt günstig ▪ preiswertes Hotel ▪ Hotelzimmer klein ▪ Fernseher kaputt ▪ Minibar leer ▪ aber: WLAN ▪ BMW Museum besuchen ▪ 19.00 Uhr Fußball spielen ▪ noch etwas Zeit ▪ Tee trinken ▪ etwas essen ▪ liebe Grüße

### A29  Was machen Sie?
Bilden Sie Sätze.

> heute Vormittag ▪ heute Mittag ▪ heute Nachmittag ▪ heute Abend ▪ heute Nacht ▪ morgen Vormittag ▪ morgen Mittag ▪ morgen Nachmittag ▪ morgen Abend ▪ morgen Nacht

> einen Spaziergang machen ▪ das Heimatmuseum besuchen ▪ Klavier spielen ▪ ein Bier trinken ▪ schlafen ▪ Tango tanzen ▪ einen Sprachkurs besuchen ▪ Zeitung lesen ▪ eine E-Mail schreiben ▪ klassische Musik hören

*Heute Vormittag mache ich einen Spaziergang.* .................................................................

....................................................................................................................

....................................................................................................................

....................................................................................................................

## Wissenswertes *(fakultativ)*

**B1**  **Welche Stadt hat die meisten Besucher?**
Raten Sie.

Frankfurt am Main ▪ München ▪ Berlin ▪ Köln ▪ Hamburg

■  Ich glaube, auf Platz 1 liegt …/Platz 1 belegt …

1. ............................................ (13 503 000 Besucher pro Jahr)
2. ............................................ (8 266 000 Besucher pro Jahr)
3. ............................................ (7 178 000 Besucher pro Jahr)
4. ............................................ (5 935 000 Besucher pro Jahr)
5. ............................................ (3 700 000 Besucher pro Jahr)
6. Düsseldorf (3 069 000 Besucher pro Jahr)
7. Dresden (2 247 000 Besucher pro Jahr)
8. Stuttgart (2 063 000 Besucher pro Jahr)
9. Nürnberg (2 001 000 Besucher pro Jahr)
10. Leipzig (1 837 000 Besucher pro Jahr)
11. Hannover (1 354 000 Besucher pro Jahr)
12. Bremen (1 166 000 Besucher pro Jahr)
13. Rostock (818 000 Besucher pro Jahr)
14. Lübeck (796 000 Besucher pro Jahr)

Hamburg: Speicherstadt

**B2**  **Welche Stadt interessiert Sie?**
Welche Stadt möchten Sie gern einmal besuchen?

Ich finde .............................................. *(Berlin)* interessant.

.......................................... *(Berlin)* ist eine .......................................... *(interessante, schöne, moderne,* *historische, große, romantische, berühmte)* Stadt.

Ich möchte gerne einmal .............................................. *(Berlin)* besuchen.

Ich möchte gern einmal nach .............................................. *(Berlin)* fahren.

**B3**  **Wo liegt …?**
Beantworten Sie die Fragen. Benutzen Sie die Deutschlandkarte.

| | |
|---|---|
| Wo liegt Berlin? | *Berlin liegt im Osten von Deutschland.* |
| Wo liegt Hamburg? | ................................................................ |
| Wo liegt München? | ................................................................ |
| Wo liegt Köln? | ................................................................ |
| Wo liegt Dresden? | ................................................................ |
| Wo liegt Hannover? | ................................................................ |
| Wo liegt Leipzig? | ................................................................ |
| Wo liegt Düsseldorf? | ................................................................ |
| Wo liegt Frankfurt am Main? | ................................................................ |
| Wo liegt Frankfurt an der Oder? | ................................................................ |

**Wo liegt …?**

im Norden
im Nordosten
im Osten

aber: in der Mitte

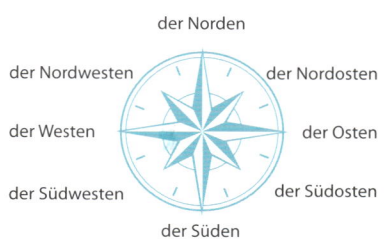

der Norden

der Nordwesten       der Nordosten

der Westen       der Osten

der Südwesten       der Südosten

der Süden

**B4** München

Hören und lesen Sie den Text.

---

## München – die Landeshauptstadt Bayerns

In München wohnen ca. 1,56 Millionen Menschen. München liegt im Süden von Deutschland und ist die Landeshauptstadt von Bayern.

5 München hat zwei Universitäten: die Ludwig-Maximilians-Universität und die Technische Universität. An der LMU (Ludwig-Maximilians-Universität) studieren 51 000 Studenten.

Ludwig-Maximilians-Universität

München hat 71 Theater, drei große Orchester und 50 Museen und Sammlungen.

10 Die Sammlung der Alten Pinakothek umfasst[1] 9 000 Bilder großer europäischer Maler aus dem 15. bis 18. Jahrhundert. Die bekanntesten Bilder sind von den Malern Albrecht Dürer und Peter Paul Rubens. Die Pinakothek der Moderne zeigt moderne 15 Kunst und Architektur. Sie ist ein international bedeutendes Museum für Kunst aus dem 20. Jahrhundert.

Aber München bietet noch viel mehr, zum Beispiel das berühmteste Wirtshaus[2] der Welt, das Hofbräu-20 haus. Es ist 400 Jahre alt. Insgesamt trinken die Gäste im Hofbräuhaus täglich 1 000 Liter Bier.

In München findet man auch viele große Firmen wie Siemens (Hersteller von Haushaltsgeräten, Medizintechnik und mehr), BMW (Hersteller von Autos), 25 MAN (Hersteller von Lastkraftwagen) oder Rodenstock (Hersteller von Brillen).

---

1 Die Sammlung der Alten Pinakothek umfasst (= hat) 9 000 Bilder.
2 Wirtshaus = besonderes Restaurant

**B5** Textarbeit

Ergänzen Sie die fehlenden Informationen aus dem Text.

München hat …

1,56 Millionen .........................................

die Alte Pinakothek:

Die Sammlung ..................... 9 000 .....................

die Pinakothek der Moderne:

Sie ist ein international ......................... Museum.

das Hofbräuhaus:

Es ist 400 ..............................

zwei Universitäten:

die Ludwig-Maximilians-Universität

mit 51 000 ......................................... und

die ......................................... Universität

große Firmen:

Siemens – Hersteller von      ......................................

BMW – Hersteller von      ......................................

MAN – Hersteller von      ......................................

Rodenstock – Hersteller von      ......................................

**B6** Ihre Heimatstadt

Berichten Sie.

Meine Heimatstadt ist .........................................

Es gibt dort ...............................

............................. hat ...............................

In .........................................

kann man .........................................

finden/besuchen/sehen/bewundern.

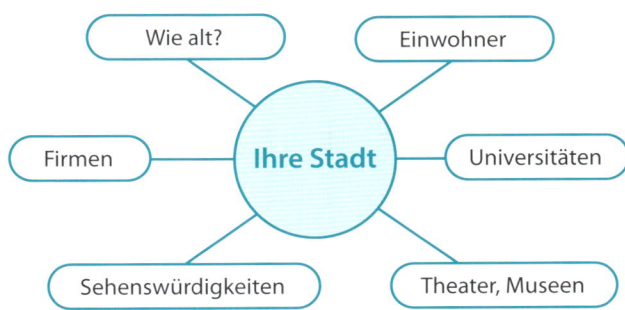

## Die Nomengruppe

**Nominativ und Akkusativ**

| | Singular | | | Plural |
|---|---|---|---|---|
| | **maskulin** | **feminin** | **neutral** | |
| **Nominativ** | de**r** Fernseher<br>de**r** alte Fernseher<br>ein alte**r** Fernseher<br>kein alte**r** Fernseher | di**e** Lampe<br>di**e** neue Lampe<br>ein**e** neue Lampe<br>kein**e** neue Lampe | da**s** Radio<br>da**s** moderne Radio<br>ein moderne**s** Radio<br>kein moderne**s** Radio | di**e** Zimmer<br>di**e** kleinen Zimmer<br><br>kein**e** kleinen Zimmer |
| **Akkusativ** | de**n** Fernseher<br>de**n** alten Fernseher<br>eine**n** alten Fernseher<br>keine**n** alten Fernseher | | | |

**C1** **Wer oder was ist das? Ergänzen Sie die Nomengruppe im Nominativ.**

Auto ▪ Computerfirma ▪ Kunstwerk ▪ Museum ▪ Philosoph ▪ Physiker ▪ **Stadt**
russisch ▪ amerikanisch ▪ griechisch ▪ italienisch ▪ **japanisch** ▪ dänisch ▪ französisch

▪ Kyoto ist *eine japanische Stadt.*

1. Niels Bohr ist ....................................................................

2. IBM ist ....................................................................

3. Peugeot ist ....................................................................

4. Plato ist ....................................................................

5. Die Davidstatue von Michelangelo ist ....................................................................

6. Die Eremitage ist ....................................................................

**C2** **Was brauchst du? Ergänzen Sie die Nomengruppe im Akkusativ.**

▪ Brauchst du *eine* Eintrittskarte? – Nein, danke, *ich brauche keine Eintrittskarte.*

1. Braucht ihr ............ Schreibtisch? – Nein, *wir brauchen* ..............................................

2. Brauchen Sie ............ Radio? – Nein, ..............................................

3. Brauchst du ............ Lampe? – Nein, ..............................................

4. Braucht sie ............ Stift? – Nein, ..............................................

5. Braucht er ............ Brille? – Nein, ..............................................

6. Brauchst du ............ Drucker? – Nein, ..............................................

7. Brauchen Sie ............ Zeitung? – Nein, ..............................................

8. Braucht er ............ Schlüssel? – Nein, ..............................................

9. Braucht ihr ............ Regal? – Nein, ..............................................

10. Brauchst du ............ Handy? – Nein, ..............................................

11. Brauchst du ............ Kaffeemaschine? – Nein, ..............................................

12. Brauchen wir ............ Auto? – Nein, ..............................................

13. Braucht er ............ Terminkalender? – Nein, ..............................................

**C3  Was möchtest du? Ergänzen Sie die Nomengruppe im Akkusativ.**

- Auto, neu          Möchtest du *ein neues Auto?*
1. Radio, klein       Möchtest du ...................................................
2. Computer, modern   Möchtest du ...................................................
3. Zeitung, alt       Möchtest du ...................................................
4. Büro, groß         Möchtest du ...................................................
5. Computertisch, praktisch  Möchtest du ...................................................
6. Laptop, preiswert  Möchtest du ...................................................
7. Stift, neu         Möchtest du ...................................................
8. Bücherregal, leer  Möchtest du ...................................................

**C4  Was hast du? Formulieren Sie Fragen und Antworten.**

hart · **alt** · hässlich · unbequem · langweilig · klein · unmodern · langsam · leer

- Hast du *(neu, Fernseher)*?     *Hast du einen neuen Fernseher?*

  Nein, ich habe *keinen neuen Fernseher. Ich habe einen alten.*

1. Haben Sie *(weich, Bett)*?     ...................................................................

   Nein, ich habe ...............................................................

2. Hast du *(voll, Minibar)*?     ...................................................................

   Nein, ich habe ...............................................................

3. Haben Sie *(groß, Bad)*?       ...................................................................

   Nein, ich habe ...............................................................

4. Hast du *(interessant, Buch)*? ...................................................................

   Nein, ich habe ...............................................................

5. Haben Sie *(bequem, Stuhl)*?   ...................................................................

   Nein, ich habe ...............................................................

6. Hast du *(schnell, Auto)*?     ...................................................................

   Nein, ich habe ...............................................................

7. Haben Sie *(modern, Lampe)*?   ...................................................................

   Nein, ich habe ...............................................................

8. Hast du *(schön, Zimmer)*?     ...................................................................

   Nein, ich habe ...............................................................

**C5  Ergänzen Sie den bestimmten Artikel und antworten Sie.**

- Wie findest du *das* Bild? *(sehr schön)*      *Ich finde das Bild sehr schön.*
1. Wie finden Sie ........ Sprachkurs? *(interessant)*   .................................................
2. Wie finden Sie ........ Zimmer? *(zu klein)*          .................................................
3. Wie finden Sie ........ Hotel? *(unmodern)*           .................................................
4. Wie finden Sie ........ Restaurant? *(zu dunkel)*     .................................................
5. Wie finden Sie ........ Museum? *(sehr modern)*       .................................................
6. Wie finden Sie ........ Frühstück? *(sehr gut)*       .................................................

**C6**   **Ergänzen Sie die Endungen, wenn nötig.**

■ Wir besuchen d*en* Japanisch*en* Garten.

1. Kennt ihr d........ neu........ Roman von Patrick Süskind?

2. Trinken Sie auch ein........ Kaffee?

3. Gibt es hier ein........ bequem........ Stuhl?

4. Dagmar möchte schon wieder ein........ neu........ Handy.

5. Liest du auch d........ Süddeutsch........ Zeitung?

6. Das ist ein........ uninteressant........ Buch.

   Ich lese es nicht.

7. Habt ihr auch ein........ modern........ Fernseher?

8. Ich schreibe ein........ sehr wichtig........ E-Mail.

9. Mein Sohn möchte d........ Deutsch........ Museum besuchen.

   Es ist ein........ interessant........ Museum.

10. D........ neu........ Dusche ist schon kaputt!

11. D........ Bibliothek braucht neu........ Bücher.

12. Mein........ Freundin hat kein........ Fahrrad.

---

Eigennamen
schreibt man groß:

– Ich besuche das Deutsche Museum
  und den Englischen Garten.
– Ich lese die Süddeutsche Zeitung.

„Normale" Adjektive
schreibt man klein:

– Ich lerne die deutsche Sprache.
– Ich habe eine englische Kollegin.

---

**Zusammengesetzte Nomen (Komposita)**

Im Deutschen gibt es sehr lange Wörter:

| | | | | |
|---|---|---|---|---|
| das Telefon | + | die Nummer | = | die Telefonnummer |
| das Hotel | + | der Schlüssel | = | der Hotelschlüssel |
| das Hotel | + | das Zimmer | = | das Hotelzimmer |

das Hotel + das Zimmer + der Schlüssel = der Hotelzimmerschlüssel

Das letzte Wort
bestimmt den Artikel.

---

**C7**   **Bilden Sie neue Wörter.**

■ der Computer + *das* Programm = *das Computerprogramm*

1. das Zimmer + *die* Nummer = ......................................................

2. das Zimmer + ........ Schlüssel = ......................................................

3. das Hotel + ........ Restaurant = ......................................................

4. der Kredit + ........ Karte = ......................................................

5. das Bier + ........ Garten = *der* ......................................................

6. die Musik + ........ Instrument = ......................................................

7. die Industrie + ........ Roboter = ......................................................

8. das Hotel + ........ Rezeption = ......................................................

9. die Stadt + ........ Zentrum = ......................................................

10. die Industrie + ........ Museum = ......................................................

11. der Termin + ........ Kalender = ......................................................

## Verben

**C8**  **Ergänzen Sie das Verb *haben*.**

■  Ich *habe* zwei Brüder.

1.  Theresa und ihr Mann ............ keine Kinder.
2.  Das Mozarthaus ............ bis 17.00 Uhr geöffnet.
3.  Viele Hotels ............ Zimmer mit WLAN.
4.  ............ ihr einen Terminkalender im Büro?

5.  Wir ............ keine Probleme.
6.  ............ Sie einen Euro?
7.  ............ du ein neues Auto?
8.  Wo ............ du deinen Schlüssel?

**C9**  **Ergänzen Sie die Tabelle.**

|  | haben | brauchen | besuchen | bezahlen | geben | sehen |
|---|---|---|---|---|---|---|
| ich | *habe* | .................. | .................. | .................. | .................. | .................. |
| du | .................. | .................. | .................. | .................. | *gibst* | *siehst* |
| er/sie/es/man | .................. | *braucht* | .................. | .................. | .................. | *sieht* |
| wir | *haben* | .................. | .................. | *bezahlen* | .................. | .................. |
| ihr | .................. | .................. | .................. | .................. | *gebt* | .................. |
| sie/Sie | .................. | .................. | *besuchen* | .................. | .................. | .................. |

**Verben mit Akkusativ**

Er     ist     ein guter Arzt.     Das     ist     ein alter Fernseher.

sein

NOMINATIV     NOMINATIV     NOMINATIV     NOMINATIV

Frage: Wer? Was?

**Das Verb regiert im Satz.**

Ich     brauche     ein Auto.     Das Zimmer     hat     einen Fernseher.

brauchen     haben

NOMINATIV     AKKUSATIV     NOMINATIV     AKKUSATIV

Ich     trinke     einen Kaffee.     Sie     besucht     ihren Freund.

trinken     besuchen

NOMINATIV     AKKUSATIV     NOMINATIV     AKKUSATIV

Frage: Wen? Was?

**Verben mit Akkusativ:** besuchen, bezahlen, brauchen, es gibt, essen, finden, haben, hören, kennen, lesen, machen, möchte(n), öffnen, sehen, studieren, trinken

**C10**   Nominativ oder Akkusativ? Markieren Sie die Verben und kreuzen Sie an.

|  | Nominativ | Akkusativ |
|---|:---:|:---:|
| ■   Ich *habe keinen Drucker*. | ☐ | ✗ |
| 1.   Ich finde *die Bilder* sehr interessant. | ☐ | ☐ |
| 2.   Das ist *ein schöner Schreibtisch*. | ☐ | ☐ |
| 3.   Wir brauchen *einen neuen Computer*. | ☐ | ☐ |
| 4.   Besuchst du *einen Deutschkurs*? | ☐ | ☐ |
| 5.   Meine Mutter ist *Ärztin*. | ☐ | ☐ |
| 6.   Herr Müller liest *die Zeitung*. | ☐ | ☐ |
| 7.   Ich möchte *ein Bier*. | ☐ | ☐ |
| 8.   Wir bezahlen *das Zimmer* morgen. | ☐ | ☐ |
| 9.   Das ist *mein Radio*! | ☐ | ☐ |
| 10. Schreiben Sie *eine E-Mail*? | ☐ | ☐ |

**C11**   Welches Wort passt nicht? Streichen Sie durch. Schreiben Sie einen Satz.

■   besuchen:   alte Kollegen – ein Museum – Frankfurt am Main – einen Sprachkurs – ~~Musik~~
                    *Musik kann man nicht besuchen.*

1.   trinken:     ein kaltes Bier – einen Cappuccino – einen Kaffee – die Cafeteria – einen Tee – eine Cola

     ......................................................................................................................................

2.   lesen:        einen Fernseher – die Zeitung – ein interessantes Buch – Liebesgedichte – einen Kriminalroman

     ......................................................................................................................................

3.   schreiben:   einen Brief – eine lange E-Mail – einen Deutschkurs – einen Text

     ......................................................................................................................................

4.   machen:     einen Kaffee – eine Homepage – Frühstück – eine Dusche – einen Sprachkurs

     ......................................................................................................................................

5.   studieren:    Architektur – Medizin – Informatiker – Physik – Chemie

     ......................................................................................................................................

6.   bezahlen:    das Hotelzimmer – eine Tasse Tee – die Eintrittskarte – das BMW Museum – das Buch

     ......................................................................................................................................

**C12**   Was passt zusammen? Ordnen Sie zu.

(1)   öffnen               (a)   einen Kaffee
(2)   bekommen        (b)   eine Tür
(3)   studieren          (c)   die Zeitung
(4)   bezahlen          (d)   Informatik
(5)   trinken            (e)   Informationen
(6)   lesen              (f)   einen Sprachkurs
(7)   besuchen          (g)   Glück
(8)   hören             (h)   Deutsch
(9)   machen           (i)   eine Eintrittskarte
(10) haben             (j)   ein Museum
(11) sprechen          (k)   ein Konzert

**C13** **Ergänzen Sie die Verben.**

| studieren: | Ich | *studiere* | |
|---|---|---|---|
| | Ihr | .................... | Informatik. |
| | Lena und Steffi | .................... | |

| können: | Mein Bruder | .................... | |
|---|---|---|---|
| | Frau Krause | .................... | gut Tennis spielen. |
| | Wir | .................... | |

| sprechen: | Du | .................... | |
|---|---|---|---|
| | Karin | .................... | ein bisschen Deutsch. |
| | Sie (Pl.) | .................... | |

| sehen: | Ich | .................... | |
|---|---|---|---|
| | Wir | .................... | die Lehrerin morgen. |
| | Sie (Pl.) | .................... | |

| lesen: | Peter und Paul | .................... | |
|---|---|---|---|
| | Meine Schwester | .................... | einen Krimi. |
| | Ich | .................... | |

| trinken: | Wir | .................... | |
|---|---|---|---|
| | Ihr | .................... | eine Tasse Kaffee. |
| | Martin | .................... | |

**C14** **Bilden Sie Sätze.**

- das Hotelzimmer – bezahlen – ich    *Ich bezahle das Hotelzimmer.*
1. zeigen – das Museum – viele Kunstwerke    ..........................................................
2. wann – das BMW Museum – öffnen?    ..........................................................
3. einen Spaziergang – machen – wir – heute    ..........................................................
4. das Hotel – im Zentrum – liegen    ..........................................................
5. du – haben – noch etwas Zeit?    ..........................................................
6. Otto – die Erfindungen – im Deutschen Museum – bewundern    ..........................................................

**C15** **Finden Sie das passende Verb.**

a)   sehen ▪ machen ▪ besuchen ▪ studieren ▪ finden ▪ parken ▪ lesen ▪ **kosten** ▪ möchte(n)

- Das Zimmer *kostet* 200 Euro pro Nacht.
1. Wann .................... du das Ägyptische Museum?
2. .................... dein Freund in München Medizin?
3. Ich .................... meine Brille nicht.
4. Wo kann ich mein Auto ....................?
5. .................... ihr einen Kaffee?
6. .................... du die Frau dort? Sie ist meine Englischlehrerin.
7. Ich .................... meine Hausaufgaben.
8. .................... du schon wieder ein Kochbuch?

b)   brauchen · hören · haben (2 ×) · geben · kennen · öffnen · suchen · bezahlen · trinken

1.   Ich .................... einen neuen Stuhl.

2.   .................... du die Musik?

3.   Wir .................... den Mann nicht.

4.   Kannst du bitte die Tür ....................?

5.   .................... du deinen Schlüssel? Hier ist er.

6.   Marie .................... einen Tee.

7.   Ich .................... leider keine Zeit.

8.   Guten Morgen! Wo .................... es hier Internetradios?

9.   .................... du die Eintrittskarte für das Museum?

10.  .................... du einen neuen Fernseher?

---

**Das Modalverb *möchte(n)***

| Konjugation | ich | möchte | wir | möchten |
|---|---|---|---|---|
| | du | möchtest | ihr | möchtet |
| | er/sie/es | möchte | sie/Sie | möchten |

| Satzbau | konjugiertes Verb + Substantiv oder konjugiertes Verb + Infinitiv | | | |
|---|---|---|---|---|
| | I. | II. | III. | Satzende |
| | Ich | möchte | ein neues Auto. | |
| | Er | möchte | jetzt einen Kaffee | trinken. |

| Gebrauch | Wunsch: Ich möchte einen großen Fernseher. |
|---|---|
| | Ich möchte am Freitag nach Berlin fahren. |

---

**C16   Formulieren Sie Fragen mit *möchte(n)*. Achten Sie auf den Satzbau.**

■   Sie – ein Doppelzimmer                         *Möchten Sie ein Doppelzimmer?*

1.   noch – eine Tasse Kaffee – du                 ................................................................

2.   heute – ihr – besuchen – das BMW Museum      ................................................................

3.   am Wochenende – fahren – Sie – nach München   ................................................................

4.   einen neuen Laptop – du                       ................................................................

5.   klassische Musik – du – hören – jetzt         ................................................................

**C17   Formulieren Sie sechs Wünsche.**

1.   ................................................................................................................

2.   ................................................................................................................

3.   ................................................................................................................

4.   ................................................................................................................

5.   ................................................................................................................

6.   ................................................................................................................

## Präpositionen

**C18** **Ergänzen Sie die temporalen Präpositionen.**

am ▪ um ▪ von ▪ bis

1. Der Park schließt ......... neun Uhr abends.

2. Arbeiten Sie auch ......... siebzehn Uhr?

3. Das BMW Museum hat ......... 10.00 Uhr
......... 18.00 Uhr geöffnet.

4. Das Museum hat ......... Montag nicht geöffnet.

5. Unsere Mitarbeiter arbeiten täglich
......... 9.00 Uhr ......... 17.50 Uhr.

6. ......... Wochenende ist niemand im Büro.

7. Das Museum schließt ......... 19.00 Uhr.

| Temporale Präpositionen | |
|---|---|
| **Wann?** | |
| am | Montag |
| um | 18.00 Uhr |
| ● | Zeitpunkt |

**Wann? Wie lange?**

von 18.00 Uhr　　bis 19.00 Uhr
● 　　　　　　　 ●
Beginn ── Dauer → Ende

**C19** **Ergänzen Sie die Präpositionen.**

mit/ohne ▪ vom ▪ im ▪ nach

1. Fahrt ihr auch ......... München?

2. Unser Hotel liegt ......... Stadtzentrum.

3. Das Museum ist nur wenige Minuten ......... Stadtzentrum entfernt.

4. ......... Deutschen Museum kann man viele technische Erfindungen bewundern.

5. Unser Hotelzimmer kostet 80 Euro ......... Frühstück.

6. Wir gehen am Nachmittag ......... Englischen Garten spazieren.

7. Der Drucker steht ......... Büro.

8. Fahren Sie morgen ......... Berlin?

**C20** **Ordnen Sie die Zeitangaben.**

morgen ▪ **der Sonntag** ▪ **der Montag** ▪ **übermorgen** ▪ der Abend ▪ der Freitag ▪ der Samstag ▪ der Vormittag ▪
**der Morgen** ▪ der Dienstag ▪ **die Nacht** ▪ der Mittwoch ▪ der Mittag ▪ heute ▪ der Donnerstag ▪ gestern ▪
der Nachmittag ▪ **vorgestern**

*der Montag*
.................................
.................................
.................................
.................................
*der Sonntag*

*der Morgen*
.................................
.................................
.................................
.................................
*die Nacht*

*vorgestern*
.................................
.................................
.................................
*übermorgen*

## Rückblick

**D1**  **Wichtige Redemittel**

 Hören Sie die Redemittel. Sprechen Sie die Wendungen nach und übersetzen Sie sie in Ihre Muttersprache.

Zweisprachige Redemittellisten finden Sie hier: www.schubert-verlag.de/wortschatz

| Deutsch | Ihre Muttersprache |
|---|---|
| **Verabschiedung** | |
| Auf Wiedersehen! *(formell)* | ................................................ |
| Tschüss! *(informell)* | ................................................ |
| **Im Hotel** | |
| Hotelgast: Haben Sie noch ein Zimmer frei? | ................................................ |
| Rezeptionist: Haben Sie eine Reservierung? | ................................................ |
| Hotelgast: Wir möchten gerne ein Einzel-/ | ................................................ |
| Doppel-/Dreibettzimmer. | ................................................ |
| Rezeptionist: Wir haben noch Zimmer frei. | ................................................ |
| Wie lange möchten Sie bleiben? | ................................................ |
| Hotelgast: Wir bleiben eine Nacht/zwei Nächte. | ................................................ |
| Wie viel kostet ein Doppelzimmer? | ................................................ |
| Rezeptionist: Das Zimmer kostet *(80,–)* Euro pro Nacht. | ................................................ |
| Der Preis ist mit/inklusive Frühstück. | ................................................ |
| Der Preis ist ohne/exklusive Frühstück. | ................................................ |
| Das Frühstück kostet *(20,–)* Euro extra. | ................................................ |
| Hotelgast: Hat das Zimmer einen *(Balkon)*? | ................................................ |
| eine *(Minibar)*? | ................................................ |
| ein *(Bad)*? | ................................................ |
| Gibt es auch einen *(Fernseher)*? | ................................................ |
| eine *(Dusche)*? | ................................................ |
| ein *(Radio)*? | ................................................ |
| Rezeptionist: Ja, alle Zimmer haben *(ein Bad)*. | ................................................ |
| Hotelgast: Wir nehmen das Zimmer. | ................................................ |
| Rezeptionist: Ich brauche noch *(Ihre Anschrift)*. | ................................................ |
| Wie zahlen Sie? | ................................................ |
| Zahlen Sie mit Kreditkarte? | ................................................ |
| Hotelgast: Wir zahlen bar/mit Kreditkarte. | ................................................ |
| Rezeptionist: Hier ist Ihr Zimmerschlüssel. | ................................................ |
| Ihre Zimmernummer ist die *(405)*. | ................................................ |
| Schönen Aufenthalt! | ................................................ |
| Hotelgast: Danke schön./Danke. | ................................................ |
| Hotelgast: Ich habe ein Problem. | ................................................ |
| Ich brauche *(neue Handtücher)*. | ................................................ |
| Rezeptionist: Das bringen wir in Ordnung. | ................................................ |

Sehenswürdigkeiten

Ich möchte heute Nachmittag etwas unternehmen, vielleicht ein Museum besuchen. ........................

Das Museum zeigt *(technische Erfindungen)*. ........................

Es hat eine Ausstellungsfläche von *(50 000 m²)*. ........................

Im Museum kann man *(Bilder von Picasso)* bewundern. ........................

Man findet dort *(viele bedeutende Kunstwerke)*. ........................

Ich finde *(moderne Kunst)* sehr interessant. ........................

Wann hat *(das Deutsche Museum)* geöffnet? ........................

Es hat täglich von *(9.00)* bis *(17.00)* Uhr geöffnet. ........................

Wann öffnet und schließt das Deutsche Museum? ........................

Es öffnet um *(9.00)* und schließt um *(17.00)* Uhr. ........................

Wie viel/Was kostet eine Eintrittskarte? ........................

Eine Tageskarte/Studentenkarte kostet *(sieben)* Euro. ........................

Der Englische Garten bietet viele Freizeitmöglichkeiten. ........................

Man kann einen Spaziergang machen/spazieren gehen oder ein kühles Bier trinken. ........................

## D2 Kleines Wörterbuch der Verben

| möchte(n) | ich möchte<br>wir möchten | du möchtest<br>ihr möchtet | er/sie möchte<br>sie möchten |
|---|---|---|---|
| bewundern<br>*(berühmte Bilder bewundern)* | ich bewundere<br>wir bewundern | du bewunderst<br>ihr bewundert | er/sie bewundert<br>sie bewundern |
| bieten | Das Museum bietet … | | |
| bleiben<br>*(zwei Nächte bleiben)* | ich bleibe<br>wir bleiben | du bleibst<br>ihr bleibt | er/sie bleibt<br>sie bleiben |
| brauchen | ich brauche<br>wir brauchen | du brauchst<br>ihr braucht | er/sie braucht<br>sie brauchen |
| bringen<br>*(etwas in Ordnung bringen)* | ich bringe<br>wir bringen | du bringst<br>ihr bringt | er/sie bringt<br>sie bringen |
| duschen | ich dusche<br>wir duschen | du duschst<br>ihr duscht | er/sie duscht<br>sie duschen |
| finden<br>*(Informationen finden)* | ich finde<br>wir finden | du findest<br>ihr findet | er/sie findet<br>sie finden |
| liegen | Das Hotel liegt … | | |
| nehmen<br>*(zwei Brötchen nehmen)* | ich nehme<br>wir nehmen | du nimmst<br>ihr nehmt | er/sie nimmt<br>sie nehmen |
| öffnen<br>*(eine Tür öffnen)* | ich öffne<br>wir öffnen | du öffnest<br>ihr öffnet | er/sie öffnet<br>sie öffnen |

| parken | ich parke | du parkst | er/sie parkt |
| | wir parken | ihr parkt | sie parken |
| schlafen | ich schlafe | du schläfst | er/sie schläft |
| | wir schlafen | ihr schlaft | sie schlafen |
| schließen<br>*(eine Tür schließen)* | ich schließe<br>wir schließen | du schließt<br>ihr schließt | er/sie schließt<br>sie schließen |
| senden<br>*(eine E-Mail senden)* | ich sende<br>wir senden | du sendest<br>ihr sendet | er/sie sendet<br>sie senden |
| spazieren gehen | ich gehe spazieren<br>wir gehen spazieren | du gehst spazieren<br>ihr geht spazieren | er/sie geht spazieren<br>sie gehen spazieren |
| übernachten<br>*(im Hotel übernachten)* | ich übernachte<br>wir übernachten | du übernachtest<br>ihr übernachtet | er/sie übernachtet<br>sie übernachten |
| unternehmen<br>*(etwas unternehmen)* | ich unternehme<br>wir unternehmen | du unternimmst<br>ihr unternehmt | er/sie unternimmt<br>sie unternehmen |
| wünschen | Sie wünschen? | | |
| zahlen/bezahlen | ich (be)zahle<br>wir (be)zahlen | du (be)zahlst<br>ihr (be)zahlt | er/sie (be)zahlt<br>sie (be)zahlen |
| zeigen | Das Museum zeigt technische Erfindungen. | | |

**D3** ## Evaluation
### Überprüfen Sie sich selbst.

| Ich kann | gut | nicht so gut |
|---|---|---|
| Ich kann ein Hotelzimmer reservieren/buchen. | ☐ | ☐ |
| Ich kann Gegenstände im Hotel benennen. | ☐ | ☐ |
| Ich kann ein einfaches Problem melden. | ☐ | ☐ |
| Ich kann ein Formular mit Angaben zu meiner Person ausfüllen. | ☐ | ☐ |
| Ich kann wichtige Gebäude in einer Stadt nennen. | ☐ | ☐ |
| Ich kann einfache Informationen über Sehenswürdigkeiten verstehen und geben. | ☐ | ☐ |
| Ich kann Eintrittskarten kaufen und nach Öffnungszeiten fragen. | ☐ | ☐ |
| Ich kann die Tageszeiten nennen. | ☐ | ☐ |
| Ich kann eine einfache E-Mail über den Besuch in einer Stadt verstehen und schreiben. | ☐ | ☐ |
| Ich kann einen einfachen Text über München lesen und einige Informationen über meine Heimatstadt geben. *(fakultativ)* | ☐ | ☐ |

# Essen und Trinken

## Kommunikation

- Essen und Trinken bestellen
- Nahrungsmittel einkaufen
- Einfache Rezepte lesen
- Informationen über Essgewohnheiten geben und erfragen

## Wortschatz

- Frühstück
- Lebensmittel
- Verpackungen und Maße
- Anweisungen zum Kochen
- Essgewohnheiten
- Essen im Restaurant

## Frühstück im Hotel

### A1 Beim Frühstück
Hören und lesen Sie.

Norbert: Guten Morgen, Peter. Wie geht's?

Peter: Guten Morgen. Danke, gut. Ich habe jetzt richtigen Hunger.

Norbert: Ich auch. Was nimmst du zum Frühstück? … Hm, was für ein tolles Büfett! Wo stehen die Teller?

Peter: Dort. Da liegt auch das Besteck.

Norbert: Ach ja, ich sehe es. Ich nehme erst mal nur Joghurt mit Früchten.

Peter: Nur Joghurt mit Früchten! Also, ich esse zwei Brötchen mit Käse und Schinken, ein gekochtes Ei … und … vielleicht noch zwei Scheiben Lachs.

Kellnerin: Was möchten Sie trinken?

Peter: Eine Tasse Kaffee bitte.

Norbert: Und ich möchte bitte einen Tee, einen Kräutertee …

Peter: Kräutertee und Joghurt mit Früchten. Du lebst wirklich gesund!

### A2 Unser Frühstücksangebot
a) Lesen und hören Sie das Angebot.

FRÜHSTÜCK

der Orangensaft
der Kaffee
der Kräutertee
die Milch
die heiße Schokolade

der Apfel
die Banane
die Pflaume
die Aprikose
die Birne
die Weintrauben (Pl.)

das Brötchen
das Vollkornbrot
das Weißbrot
das Toastbrot

der Schinken
die Salami
die Leberwurst
der Lachs
das Ei (gekocht)
das Rührei

die Butter
die Margarine
der Frischkäse
die Marmelade
der Honig
der/das Joghurt natur
der/das Joghurt mit Früchten

b) Wählen Sie aus.

| ein Glas Orangensaft ▪ Milch ▪ eine Tasse Kaffee ▪ Tee ▪ Kräutertee ▪ eine Scheibe/zwei Scheiben Brot ▪ Lachs ▪ Salami ▪ Schinken ▪ ein Ei/zwei Eier ▪ Rührei |

Ich esse/trinke …       Ich nehme …       Ich möchte (gern) …       Ich hätte gern …

## A3 Ich nehme …
Hören und ergänzen Sie.

a) Ich nehme:   ein Glas Orangensaft,

eine Tasse ……………………,

………… Scheiben Toastbrot,

zwei ……………… eier,

Butter, …………………… und Joghurt mit Früchten.

b) Ich möchte bitte:   zwei ……………………, Butter und Marmelade,

ein gekochtes ……………………,

zwei Scheiben ……………………,

ein Glas Orangensaft und eine Tasse ……………………

c) Ich hätte gern:   zwei Scheiben Vollkornbrot,

etwas Frisch……………,

eine Banane, einen ……………………

und eine Tasse Kräutertee.

**nehmen**

|  |  |  |
|---|---|---|
| Singular | ich | nehme |
|  | du | nimmst ! |
|  | er/sie/es | nimmt ! |
| Plural | wir | nehmen |
|  | ihr | nehmt |
|  | sie | nehmen |
| formell | Sie | nehmen |

## A4 Dialoge
a) Fragen Sie Ihre Nachbarin/Ihren Nachbarn und berichten Sie.

■ Was nimmst/isst/trinkst du zum Frühstück?
Was nehmen/essen/trinken Sie zum Frühstück?

☐ Ich nehme/esse/trinke …

■ Mein Nachbar/Meine Nachbarin nimmt/isst/trinkt …

b) Diskutieren Sie in kleinen Gruppen und berichten Sie.
Finden Sie die Gemeinsamkeiten und Unterschiede.

■ Was essen Sie/esst ihr zum Frühstück?

☐ Alle/Viele essen/trinken …
Niemand isst/trinkt …
Nur (Peter) isst/trinkt …

**essen**

|  |  |  |
|---|---|---|
| Singular | ich | esse |
|  | du | isst ! |
|  | er/sie/es | isst ! |
| Plural | wir | essen |
|  | ihr | esst |
|  | sie | essen |
| formell | Sie | essen |

## A5 Frühstück im Hotel
Hören und lesen Sie den Text.

### Das Frühstücksbüfett

70 % der Menschen möchten im Hotel ein Frühstück in Büfettform. Das Frühstücksbüfett kommt ursprünglich aus Amerika.

Auch Gäste aus Deutschland essen im Hotel gern ein „englisches" oder „amerikanisches" Frühstück mit Käse, Schinken, Wurst, Eiern, Toma-
5 ten, Obst und Joghurt. Im Gegensatz zu diesem reichhaltigen Angebot besteht ein Frühstück in Deutschland oft nur aus Kaffee oder Tee, Brötchen, Butter und Marmelade.

In vielen Hotels kostet das Frühstück etwa 20 Euro, im Hotel „Adlon" in Berlin bezahlt man 48 Euro. Doch der Service ist nicht immer gut.
10 Manchmal gibt es auch in teuren Hotels beim Frühstück unfreundliches Personal, kalte Eier oder altes Brot.

**A6** **Textarbeit**

a) Kombinieren Sie.

> kalte Eier und altes Brot ▪ Brötchen, Butter und Marmelade ▪ ein englisches oder amerikanisches Frühstück

1. Im Hotel essen deutsche Gäste gern .......................................................
2. Auch in teuren Hotels gibt es manchmal .......................................................
3. In Deutschland isst man zum Frühstück gern .......................................................

b) Ergänzen Sie die Verben.

Das Frühstücksbüfett ..................... ursprünglich aus Amerika. Im Hotel ..................... deutsche Gäste gern ein „englisches" oder „amerikanisches" Frühstück. In vielen Hotels ..................... das Frühstück etwa 20 Euro. Manchmal ..................... es auch in teuren Hotels beim Frühstück unfreundliches Personal, kalte Eier oder altes Brot.

 **A7** **Phonetik: Diphthonge – eu, äu [ɔœ̯] und au [aɔ̯]**
Hören und wiederholen Sie.

 1.49

eu – Deutsch/ äu – Kräutertee [ɔœ̯]

Deutsch – euch – Euro – teuer – Deutschland – unfreundlich – Kräutertee

Ich spreche Deutsch. ↘
Das Frühstück in deutschen Hotels ist teuer. ↘
Manchmal gibt es unfreundliches Personal. ↘
Wie viele Euro kostet ein Kräutertee? ↗

au – Auto [aɔ̯]

Auto – auch – kaufen – Frau – Weintrauben

Hast du auch ein Auto? ↗
Frau Krause kauft Weintrauben. ↘

**A8** **Lebensmittel**
Kombinieren Sie. (m = maskulin ▪ f = feminin ▪ n = neutral ▪ Pl. = Plural)

die Äpfel sind sauer ⟶ saure Äpfel

> kalt ▪ hart ▪ alt ▪ süß ▪ weich ▪ heiß ▪ frisch ▪ gekocht ▪ sauer ▪ salzig ▪ scharf ▪ roh ▪ warm

■ *harte, süße, saure* ..... Äpfel *(Pl.)*

1. ................................... Brot *(n)*
2. ................................... Käse *(m)*
3. ................................... Kaffee *(m)*
4. ................................... Joghurt *(m/n)*
5. ................................... Fleisch *(n)*

6. ................................... Schinken *(m)*
7. ................................... Eier *(Pl.)*
8. ................................... Pflaumen *(Pl.)*
9. ................................... Orangensaft *(m)*
10. ................................... Milch *(f)*

| Die Nomengruppe: Adjektive ohne Artikel | | | | ⇨ Teil C Seite 100 |
|---|---|---|---|---|

| | Singular | | | Plural |
|---|---|---|---|---|
| | maskulin | feminin | neutral | |
| Nominativ | der Schinken<br>roher Schinken | die Milch<br>kalte Milch | das Brot<br>altes Brot | die Eier<br>gekochte Eier |
| Akkusativ | den Schinken<br>rohen Schinken | | | |

 **A9** **Was essen Sie gern?**
Berichten Sie. Benutzen Sie den Wortschatz von A8.

**In der Küche: Geschirr und Besteck**
Hören und lesen Sie. Ordnen Sie zu.

die Tasse ▪ der Suppenteller ▪ das Wischtuch ▪ die Serviette ▪ die Gabel ▪ das Salz ▪ das Wasserglas ▪ das Weinglas ▪ der Kaffeelöffel ▪ das Messer ▪ das Kochbuch ▪ das Küchenmesser ▪ die Pfanne ▪ die Schüssel ▪ die Espressotassen ▪ der Teller ▪ der Löffel ▪ der Pfeffer ▪ der Topf

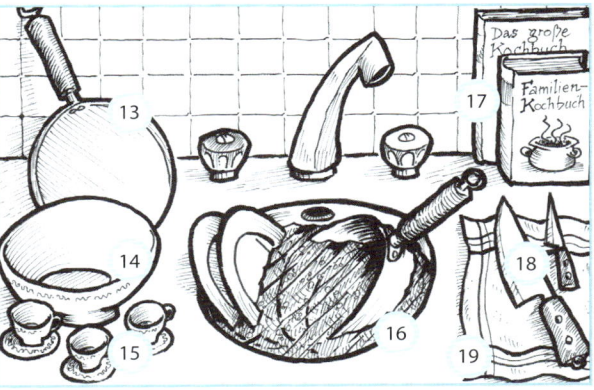

1   *die Tasse*

| | | |
|---|---|---|
| 2 .................................. | 8 .................................. | 14 .................................. |
| 3 .................................. | 9 .................................. | 15 .................................. |
| 4 .................................. | 10 .................................. | 16 .................................. |
| 5 .................................. | 11 .................................. | 17 .................................. |
| 6 .................................. | 12 .................................. | 18 .................................. |
| 7 .................................. | 13 .................................. | 19 .................................. |

 **Singular – Plural**
Ergänzen Sie den Singular und die Pluralendungen.

| Gruppe 1 | Singular | Plural |
|---|---|---|
| | *das Messer* | Messer |
| | .......................... | Äpfel |
| | .......................... | Teller |
| | .......................... | Brötchen |
| | Pluralendung: – – – | |

| Gruppe 2 | Singular | Plural |
|---|---|---|
| | .......................... | Telefone |
| | .......................... | Tische |
| | Pluralendung: ....... | |

| Gruppe 3 | Singular | Plural |
|---|---|---|
| | .......................... | Büros |
| | .......................... | Hobbys |
| | Pluralendung: ....... | |

| Gruppe 4 | Singular | Plural |
|---|---|---|
| | *das Glas* | Gläser |
| | .......................... | Häuser |
| | .......................... | Männer |
| | .......................... | Eier |
| | Pluralendung: -er | |

| Gruppe 5 | Singular | Plural |
|---|---|---|
| | .......................... | Tassen |
| | .......................... | Gabeln |
| | .......................... | Schüsseln |
| | .......................... | Servietten |
| | .......................... | Birnen |
| | .......................... | Bananen |
| | Pluralendung: ....... | |

## Essen und Trinken

 **A12** **Einkaufen im Supermarkt**
Lesen Sie die Angebote und ordnen Sie die Oberbegriffe zu.

Süßigkeiten • Milchprodukte • Getränke • Fleisch- und Wurstwaren • Backwaren • Obst und Gemüse

## supermarkt Angebote der Woche

**BioBio Joghurt**
150 g  0,29 €

**Kraft Gouda,** 125 g
8 Scheiben, mild und
aromatisch  1,75 €

**Landbutter**
250 g  1,48 €

**Schlagsahne**
200 g  0,63 €

**Quark 20%**
250 g  0,59 €

**Junge Erbsen**
Extra fein,
425 ml  1,07 €

**große Zwiebeln**
1 kg  0,65 €

**Kartoffeln,** hart kochend
5 kg  2,99 €

**Grüne Bohnen**
425 ml  0,94 €

**Ananasscheiben**
im eigenen Saft
425 ml  0,59 €

**Französisches Weißbrot**
500 g  1,19 €

**Bauern Schwarzbrot**
500 g  1,35 €

**Vollkornbrötchen**
Stück  0,39 €

**Pflaumenkuchen**
Stück  1,49 €

**Erdbeersahnetorte**
ganz  6,99 €

**Eszet Vollmilch**
75 g  0,91 €

**Wagner Nougatpralinen**
200 g  5,37 €

**Haribo Goldbärchen**
250 g  1,79 €

**Schwarzwälder
Schinken**
100 g  1,75 €

**Ungarische Salami**
70 g  1,24 €

**saftiges Rindfleisch**
1 kg  18,02 €

**Hühnerfilet**
500 g  8,43 €

**Schweinslende**
500 g  8,34 €

**Apfelsaft,** frisch gepresst
1 l  1,35 €

**Paulaner Weißbier**
Kasten  17,59 €

**Moet Champagner**
0,75 l  43,44 €

## Öffnungszeiten
Mo–Fr:  7.00 bis 22.00 Uhr
Sa:       8.00 bis 20.00 Uhr

**A13** **Produkte im Supermarkt**
Was passt zusammen? Ordnen Sie zu.

a)    eine Flasche · eine Dose · ein Becher · *eine Tafel* · eine Packung · eine Tüte · ein Stück

■  *eine Tafel*        Schokolade

1. ........................  Quark            4. ........................  Ananasscheiben
2. ........................  Landbutter       5. ........................  Ungarische Salami
3. ........................  Bier             6. ........................  Gummibärchen

b)    Trauben · Kartoffel · Apfel · Bier · Wein · Tomaten · Obst · Orangen · Sahne · Milch

*Apfel*
........................ ⎫
........................ ⎬ -saft
........................ ⎭

........................ ⎫
........................ ⎬ -torte
 ⎭

........................ ⎫
........................ ⎬ -salat
........................ ⎭

........................ ⎫
........................ ⎬ -flasche
........................ ⎭

........................ ⎫
........................ ⎬ -marmelade
 ⎭

........................ ⎫
........................ ⎬ -glas
........................ ⎭

**A14** **Dialoge**
a)  Fragen und antworten Sie. Arbeiten Sie zu zweit.

Mögen Sie Orangensaft?

Ja, ich mag Orangensaft.
Ich trinke sehr oft Orangensaft.
Ja, ich trinke gern Orangensaft.

Nein, ich mag keinen Orangensaft.
Nein, ich trinke nie Orangensaft!
Nein, ich trinke nicht gern Orangensaft.

Mögen Sie Bier?                Trinken Sie gern viel Kaffee?      Trinken Sie gern Kräutertee?
Magst du Schokolade?           Essen Sie gern Salat?              Essen Sie gern Spaghetti?
Trinkst du gern kalte Milch?   Mögen Sie Pflaumenkuchen?          Isst du zum Frühstück gern Brötchen?
Mögen Sie rohen Schinken?      Trinkst du gern Apfelsaft?         Essen Sie gern französisches Weißbrot?
Isst du gern Gemüse?           Isst du täglich Joghurt?           Mögen Sie grüne Bohnen?

b)  Diskutieren Sie. Wie oft essen/trinken Sie …?

Ich esse/trinke einmal/zweimal/dreimal pro Woche *(Gemüse/Tee …)*
Ich esse/trinke täglich/nie *(Schokolade/Bier …)*

| **mögen** | | ⇨ Teil C Seite 102 |
|---|---|---|
| Singular | ich | m**a**g |
|  | du | m**a**gst |
|  | er/sie/es | m**a**g |
| Plural | wir | mögen |
|  | ihr | mögt |
|  | sie | mögen |
| formell | Sie | mögen |

**A15** **Einkaufen beim Gemüsehändler**
Hören Sie den Dialog. Ergänzen Sie die Angaben.

Was kauft die Kundin? | zwei Kilo ...............................
 | ................ Bananen
 | ein Kilo ...............................
 | ................ Orangen
 | ............... Kilo Tomaten
 | zwei ................ Mangos

Was zahlt die Kundin? | ...............................

**A16** **Auf dem Markt**
Spielen Sie Einkaufsgespräche. Kaufen Sie Lebensmittel für einen Obstsalat ...

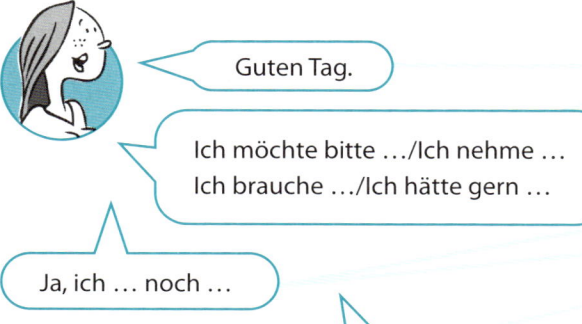

Guten Tag.

Ich möchte bitte …/Ich nehme …
Ich brauche …/Ich hätte gern …

Ja, ich … noch …

Ja.

Guten Tag. Sie wünschen?

Sonst noch etwas?

Ist das jetzt alles?

Dann bekomme ich …/Das macht … (umg.)
Das kostet …
Haben Sie das Geld passend?

**A17** **Essen Sie gern Obst?**
Welches Obst mögen Sie, welches nicht?

Kiwis ▪ Bananen ▪ Melonen ▪ Äpfel ▪ Ananas ▪ Erdbeeren ▪ Weintrauben ▪
Orangen ▪ Kirschen ▪ Pflaumen ▪ Birnen ▪ Mangos

**A18** **Beliebtes Obst**
Raten Sie und ergänzen Sie die Sätze.

Bananen ▪ Äpfel ▪ Ananas ▪ Erdbeeren ▪ Orangen

**Die Top Ten: Das Lieblingsobst der Deutschen**

Platz 1 – 24 % *Ich glaube, Platz 1 belegen die* .........................................

Platz 2 – 20 % *Ich denke, auf Platz 2 sind die* .........................................

Platz 3 – 12 % *Ich denke, auf Platz 3 stehen* .........................................

Platz 4 – 7,3 % ......................................................... *Weintrauben.*

Platz 5 – 4,3 % ......................................................... *Melonen.*

Platz 6 – 4,0 % .........................................................

Platz 7 – 3,3 % ......................................................... *Nektarinen.*

Platz 8 – 2,4 % ......................................................... *Zitronen/Limetten.*

Platz 9 – 2,2 % .........................................................

Platz 10 – 2,1 % ......................................................... *Kiwis.*

 **A19** **Obstsalat**
Lesen Sie das Rezept.

## Gemischter Obstsalat mit Schuss

**Zutaten**

2 Äpfel
2 Bananen
2 Orangen
1 Mango
1 Esslöffel Zitronensaft
1 Esslöffel Zucker
50 g Haselnüsse
1 Gläschen Cointreau (Likör)

**Zubereitung**

1. Schälen Sie das Obst.

2. Schneiden Sie die Äpfel, Orangen, Bananen und die Mango in kleine Stücke.

3. Geben Sie die Obststücke in eine Schüssel und vermengen Sie das Obst mit Zucker, Zitronensaft, Haselnüssen und Likör.

**Guten Appetit!**

**A20** **Imperativ**
Ergänzen Sie die Verben.

⇨ Teil C Seite 104

| I. | II. | III. |
|---|---|---|
| .......................... | Sie | das Obst. |
| .......................... | Sie | die Äpfel in kleine Stücke. |
| .......................... | Sie | die Obststücke in eine Schüssel. |

Das Verb steht auf Position ..........

**A21** **Jetzt kochen wir.**
Formulieren Sie Anweisungen zum Kochen.

| schälen | die Zwiebeln *(Pl.)* ▪ die Kartoffeln *(Pl.)* ▪ |
|---|---|
| schneiden | das Fleisch ▪ das Obst ▪ die Karotten *(Pl.)* ▪ |
| kochen | die Salami ▪ das Steak ▪ die Äpfel *(Pl.)* ▪ |
| braten | die Spaghetti *(Pl.)* ▪ die Orangen *(Pl.)* ▪ das Ei |

1.   *Schälen und schneiden Sie die Zwiebeln.*
2.   …

**A22** **Gesunde Ernährung**
Kombinieren Sie und formulieren Sie Ratschläge.

Essen Sie
Trinken Sie
Kaufen Sie

viel
wenig
nie
selten
oft
täglich

Vollkornbrot.
Obst.
Sahnetorte.
frischen Fisch.
ein Glas Rotwein.
Gemüse.
zwei Liter Mineralwasser.
Hamburger mit Pommes frites.
Bier.
Käse.
fettes Fleisch.
Weißbrot.

**A23** **Essen und Trinken in Deutschland**
Hören und lesen Sie den Text.

1.52

### Esskultur in Deutschland

In Deutschland isst man dreimal am Tag. Zum Frühstück gibt es oft Brötchen oder Brot mit Marmelade oder Käse und eine Tasse Kaffee.

5 Die Hauptmahlzeit ist das Mittagessen zwischen 12.00 Uhr und 14.00 Uhr. Es besteht normalerweise aus Fleisch, Gemüse und Kartoffeln. Auch Nudelgerichte sind sehr beliebt. Viele Betriebe haben eine Kantine.
10 Dort essen die Mitarbeiter mittags warm. In vielen Kantinen kann man auch vegetarische Gerichte bekommen.

Zum Abendbrot isst man in Deutschland traditionell nur einige Scheiben Brot mit Käse 15 oder Wurst. Doch viele junge Menschen bevorzugen[1] auch abends Fisch, Fleisch, Spaghetti, Pizza oder einen Hamburger.

Als Getränk ist Kaffee die Nummer eins. Außerdem mögen die Deutschen 20 Bier und Wein. Man kann Wein auch mit Wasser mischen und als „Weinschorle" trinken. Ein besonderes Getränk in den Bundesländern Hessen, Rheinland-Pfalz und 25 Saarland ist der Apfelwein.

Bei den Erfrischungsgetränken liegt das Mineralwasser an der Spitze[2].

1 sie bevorzugen = sie möchten lieber (präferieren)
2 liegt an der Spitze = hat den 1. Platz

**A24** **Textarbeit**
a) Was isst man in Deutschland? Ergänzen Sie die Informationen.

> etwas zum Frühstück/Mittagessen/Abendbrot essen/nehmen

| zum Frühstück | zum Mittagessen | zum Abendbrot/Abendessen |
|---|---|---|
| *Brötchen mit ...* | | |
| | | |
| | | |
| | | |
| | | |
| | | |
| | | |
| | | |

b) Welche Getränke sind in Deutschland beliebt? Berichten Sie.

**A25** **Was essen und trinken Sie?**
Berichten Sie.

Ich esse zum Frühstück ...

      zum Mittagessen ...
      zum Abendbrot ...

Ich trinke gerne/oft ...

In (Ihr Heimatland) isst man ...
Zum (Frühstück) gibt es normalerweise/in der Regel ...
Das (Mittagessen) besteht aus ...
Zum (Abendbrot) essen viele Menschen ...

In ... trinkt man gern/oft ...
(Kaffee) ist sehr beliebt.
Viele Menschen mögen auch ...
Ein besonderes Getränk ist ...

**A26** **Phonetik: Umlaute – ä [ɛː] und [ɛ]**
Hören und wiederholen Sie.

Käse – langes *ä* [ɛː]

Käse – spät – wählen

Ich esse gern ein Brötchen mit Frischkäse. ↘

Äpfel – kurzes *ä* [ɛ]

Äpfel – Getränke – Länder – Männer – Gäste

Als Getränk ist Kaffee sehr beliebt. ↘
In deutschsprachigen Ländern trinken Männer gern Bier. ↘

## Im Restaurant

**A27** **Eine Speisekarte**
Lesen Sie die Speisekarte und wählen Sie eine Vorspeise, ein Hauptgericht, eine Nachspeise und ein Getränk.

▪ Ich möchte bitte … ▪ Ich nehme … ▪ Ich esse … ▪ Ich trinke … ▪ Ich hätte gern …

### Vorspeisen

| | | | |
|---|---|---|---|
| Tomatensuppe | 3,90 € | Gemischter Salat | 3,50 € |
| Italienische Gemüsesuppe | 4,50 € | Roher Schinken mit Melone | 5,50 € |

### Hauptgerichte

Alle Hauptgerichte servieren wir mit Salzkartoffeln oder Pommes frites.

| FLEISCHGERICHTE | | FISCHGERICHTE | |
|---|---|---|---|
| Schweinebraten mit Sauerkraut | 8,75 € | Forelle in Weißwein | 15,50 € |
| Wiener Schnitzel mit Blumenkohl | 12,00 € | Steinbutt mit Gemüse | 18,90 € |
| Rindergulasch mit grünen Bohnen | 10,50 € | Lachs in Knoblauch | 13,90 € |

### Nachspeisen

| | | | |
|---|---|---|---|
| Frischer Obstsalat | 3,90 € | Apfelkuchen | 2,75 € |
| Frische Erdbeeren mit Sahne | 4,50 € | Käseauswahl | 3,75 € |

### Getränke

| | | | |
|---|---|---|---|
| Kaffee | 2,50 € | Mineralwasser | 1,75 € |
| Cappuccino | 2,75 € | Frischer Orangensaft | 3,25 € |
| Espresso | 2,25 € | Cola | 1,75 € |
| Tee | 2,25 € | Limonade | 1,75 € |

## A28  Dialoge
Fragen und antworten Sie. Arbeiten Sie zu zweit.

**Wie schmeckt der Salat?**

Er schmeckt ausgezeichnet.
Er schmeckt (sehr) gut.
Ich finde ihn lecker/köstlich!

Er schmeckt schrecklich!
Er schmeckt nicht gut.
Ich finde ihn ungenießbar!

**Wie schmeckt …?**

| | | | |
|---|---|---|---|
| die Tomatensuppe | ..................... | die Gemüsesuppe | ..................... |
| der Schinken mit Melone | ..................... | der Schweinebraten | ..................... |
| das Schnitzel | ..................... | der Lachs | ..................... |
| der Rindergulasch | ..................... | die Forelle | ..................... |
| der Steinbutt | ..................... | der Apfelkuchen | ..................... |
| der Obstsalat | ..................... | der Käse | ..................... |
| die Erdbeeren | ..................... | der gemischte Salat | ..................... |

### Personalpronomen

| | | Nominativ | Akkusativ |
|---|---|---|---|
| Wie schmeckt | der Salat? | Er schmeckt ausgezeichnet. | Ich finde ihn ausgezeichnet. |
| Wie schmeckt | die Gemüsesuppe? | Sie ist zu salzig. | Ich finde sie zu salzig. |
| Wie schmeckt | das Brötchen? | Es ist zu hart. | Ich finde es zu hart. |
| Wie schmecken | die Spaghetti? | Sie sind köstlich. | Ich finde sie köstlich. |

## A29  Im Restaurant
Hören Sie das Gespräch und kreuzen Sie an.

| | | richtig | falsch |
|---|---|---|---|
| ■ | Andreas trinkt Mineralwasser. | ✗ | ☐ |
| 1. | Beate trinkt zwei Gläser Weißwein. | ☐ | ☐ |
| 2. | Andreas nimmt den Lachs. | ☐ | ☐ |
| 3. | Beate isst nur in Italien Fisch. | ☐ | ☐ |
| 4. | Andreas findet rohen Fisch ungenießbar. | ☐ | ☐ |
| 5. | Der Sohn von Andreas wohnt zur Zeit in Japan. | ☐ | ☐ |
| 6. | Beate war noch nie in Japan. | ☐ | ☐ |
| 7. | Andreas hat das Essen nicht geschmeckt. | ☐ | ☐ |

### Wichtige Redemittel im Restaurant

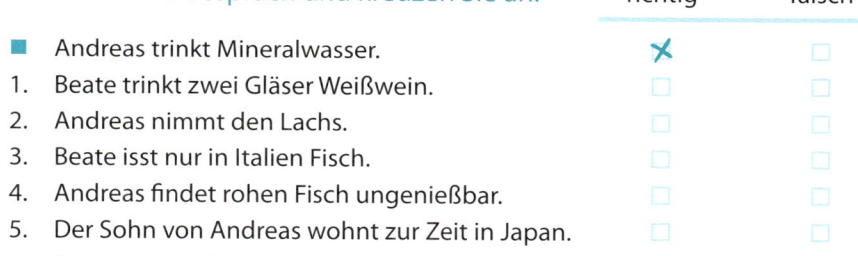

| | |
|---|---|
| etwas bestellen: | Ich hätte gern …/Ich möchte bitte …/Ich nehme … |
| Wünsche zum Essen und Trinken: | Essen:      Guten Appetit! |
| | Trinken (Bier):   Prost! |
| | (Wein):   Zum Wohl! |
| bezahlen: | Ich möchte zahlen/bezahlen. Die Rechnung bitte! |

**A30** **Gespräch im Restaurant**
Lesen Sie den Dialog jetzt laut.

| | |
|---|---|
| Kellner: | Guten Tag. |
| Andreas: | Guten Tag. |
| Kellner: | Einen Tisch für zwei Personen? |
| Andreas: | Ja, bitte. |
| Kellner: | Hier ist die Speisekarte. Möchten Sie schon etwas trinken? |
| Andreas: | Ja, bitte. Ich hätte gern ein Mineralwasser. |
| Beate: | Ich nehme ein Glas Weißwein. |
| Kellner: | Die Getränke kommen sofort. |
| | |
| Beate: | Was nimmst du? |
| Andreas: | Hm, die Auswahl ist schwer. Der Fisch ist hier sehr gut. Ich glaube, ich nehme den Lachs. Und du? |
| Beate: | Ich weiß nicht. Vielleicht esse ich das Schnitzel oder auch Lachs. Ich esse sehr gern Fisch. Letztes Jahr waren wir in Italien, in Rom! Dort gibt es ein ausgezeichnetes Fisch-Restaurant! Ich glaube, es heißt „Sardine". |
| Andreas: | Wir waren letztes Jahr in Japan. In Japan isst man den Fisch oft roh. |
| Beate: | Roh! Schmeckt das? |
| Andreas: | Ja, es schmeckt gut und es ist auch gesund. Wir hatten Glück. Mein Sohn studiert in Japan. Wir waren zusammen in einem sehr guten Restaurant. |
| Beate: | Ich war noch nie in Japan … |
| | |
| Kellner: | Hier sind Ihre Getränke. |
| Andreas: | Danke sehr. Ich nehme den Lachs. |
| Beate: | Ich auch. |
| Kellner: | Also: Zweimal den Lachs … |
| Andreas: | Ja, bitte … |
| | |
| Kellner: | Zweimal Lachs für Sie … |
| Andreas: | Danke. |
| Beate: | Danke sehr. Guten Appetit! |
| Andreas: | Danke, gleichfalls. |
| | |
| Kellner: | Wie war das Essen? |
| Andreas: | Danke, sehr gut. Ich möchte bitte zahlen. |
| Kellner: | Das waren: zweimal Lachs, ein Glas Wein, ein Mineralwasser … Macht zusammen 37,50 Euro. Herzlichen Dank. |

 **A31** **Wo waren Sie schon mal?**
Was isst/trinkt man dort zum Frühstück/Mittagessen/Abendbrot? Berichten Sie.

Ich war schon mal/schon oft in *(Italien)*.
Dort gibt es/isst man/trinkt man *(zum Abendbrot)* sehr gute/gute/leckere/köstliche *(Spaghetti)*.

| **Präteritum** | | ⇨ Teil C Seite 104 |
|---|---|---|
| Präsens | heute/jetzt/im Moment/dieses Jahr … | Wir sind im Moment in Japan. Wir haben Glück. |
| Präteritum | früher/letztes Jahr/gestern … | Wir waren letztes Jahr in Japan. Wir hatten Glück. |

 **A32** **Ihre Essgewohnheiten**
Berichten Sie.

- Essen Sie gesund? Kochen Sie gern? Gehen Sie oft in ein Restaurant?
- Was essen Sie zum Frühstück? Was essen Sie sonntags? Was ist Ihre Hauptmahlzeit?
- Trinken Sie (viel) Kaffee/täglich zwei Liter Wasser/gern Bier …?

## Wissenswertes *(fakultativ)*

**B1** Das *Essen-und-Trinken*-Quiz
Wissen Sie das? Diskutieren Sie mit Ihrer Nachbarin/Ihrem Nachbarn.

Verwenden Sie dafür:   ich denke ▪ ich glaube ▪ vielleicht ▪ ich weiß ▪ ich habe keine Ahnung

**1.** Woher kommt die Kartoffel?

**A:** aus Asien

**C:** aus Südamerika

**B:** aus Europa

**D:** aus Afrika

**2.** Was isst man in Deutschland traditionell zu Weihnachten (am 25.12.)?

**A:** Lachs

**C:** Rind

**B:** Gans

**D:** Schwein

**3.** Wo war das erste Kaffeehaus (Café) in Europa?

**A:** in Venedig

**C:** in Wien

**B:** in Hamburg

**D:** in Prag

**4.** Der erste „Hamburger": Wann war das?

**A:** 1954

**C:** 1904

**B:** 1974

**D:** 1944

**5.** Wo produziert man den meisten Wein?

**A:** in Spanien

**C:** in Argentinien

**B:** in Südafrika

**D:** in Frankreich

**6.** Was ist das teuerste Gewürz auf der Welt?

**A:** Pfeffer

**C:** Curry

**B:** Safran

**D:** Ingwer

## B2 Die Kartoffel

a) Hören und lesen Sie den Text.

### Die Kartoffel

Die Kartoffel ist schon sehr alt. Sie kam* im 16. Jahrhundert mit spanischen Seefahrern aus Südamerika nach Europa. Schon ab dem 17. Jahrhundert war die Kartoffel in Europa
5 das Hauptnahrungsmittel von armen Leuten.

Das Bild „Die Kartoffelesser" von Vincent van Gogh ist weltbekannt. Es ist aus dem 19. Jahrhundert und zeigt die Kartoffel als wichtiges Nahrungsmittel in armen Familien.

10 Heute isst man Kartoffeln auf verschiedene Weise. In Deutschland sind Salzkartoffeln sehr beliebt. Salzkartoffeln kann man sehr einfach zubereiten: Man schält die Kartoffel, danach kocht man sie mit etwas Salz. In Belgien oder
15 Frankreich isst man die Kartoffeln anders: Man schneidet sie in Streifen und frittiert sie. Dann heißen sie nicht mehr Kartoffeln, sondern Pommes frites. Pommes frites haben aber einen großen Nachteil: Sie enthalten sehr viel Fett.
20 Aus Irland kommt eine weitere Erfindung: die Kartoffelchips. Das sind ganz dünne, frittierte Kartoffelscheiben mit Käse und Zwiebeln oder Salz und Essig.

In Form von Pommes frites oder Kartoffelchips
25 ist die „alte" Kartoffel auch im 21. Jahrhundert ein modernes und beliebtes Nahrungsmittel.

\* kam = Präteritum von kommen

b) Essen Sie gern Kartoffeln, Pommes frites oder Kartoffelchips?

## B3 Textarbeit
Was passt zusammen? Ordnen Sie zu.

(1) Die Kartoffel kam im 16. Jahrhundert
(2) Ab dem 17. Jahrhundert war die Kartoffel
(3) Das Bild „Die Kartoffelesser" von Vincent van Gogh
(4) Heute isst man Kartoffeln
(5) In Deutschland
(6) Pommes frites haben

(a) das Hauptnahrungsmittel von armen Leuten.
(b) einen Nachteil: Sie enthalten sehr viel Fett.
(c) aus Südamerika.
(d) sind Salzkartoffeln sehr beliebt.
(e) ist weltbekannt.
(f) auf verschiedene Weise.

## B4 Zwei Rezepte mit Kartoffeln
Lesen Sie die Texte.

### Kartoffelsuppe mit Champignons

**Zutaten**
(für 4 Personen)

500 g Kartoffeln
500 g Porree
500 g Champignons
Gemüsebrühe
1 Becher Sahne
Salz
Pfeffer

**Zubereitung**

Schälen Sie die Kartoffeln. Machen Sie den Porree und die Champignons sauber.

Schneiden Sie alles klein. Braten Sie die Kartoffeln, den Porree und die Champignons in Öl an. Geben Sie die Brühe dazu und kochen Sie alles etwa 20 Minuten. Pürieren Sie die Suppe und geben Sie die Sahne hinzu. Würzen Sie die Suppe mit Salz und Pfeffer.

Guten Appetit!

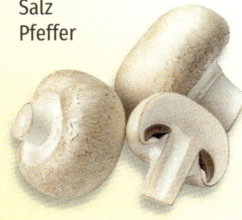

### Kartoffelsalat mit Apfel

**Zutaten**
(für 4 Personen)

750 g Kartoffeln
¼ Liter Gemüsebrühe
1 Zwiebel
3 Äpfel
4 Esslöffel Essig
2 Esslöffel Öl
1 Bund Petersilie
Salz
Pfeffer

**Zubereitung**

Schälen und schneiden Sie die Zwiebel und kochen Sie die Zwiebel mit Brühe, Essig, Pfeffer und Salz ca. 10 Minuten.

Kochen Sie die Kartoffeln und schneiden Sie sie in Scheiben. Waschen und schneiden Sie die Petersilie und die Äpfel. Geben Sie die Brühe, die Kartoffeln, das Öl, die Petersilie und die Äpfel in eine Schüssel und vermengen Sie alles.

Guten Appetit!

## Die Nomengruppe

### Nominativ und Akkusativ

| | Singular | | | | | | | Plural | | |
|---|---|---|---|---|---|---|---|---|---|---|
| | maskulin | | | feminin | | neutral | | | | |
| **Nominativ** | der | | Schinken | | | | | | die | | Eier |
| | | roher | Schinken | | | | | | | gekochte | Eier |
| | der | rohe | Schinken | die | | Milch | das | | Brot | | |
| | ein | roher | Schinken | | kalte | Milch | altes | | Brot | | die gekochten Eier |
| **Akkusativ** | den | | Schinken | die | kalte | Milch | das | | Brot | | |
| | | rohen | Schinken | eine | kalte | Milch | ein | | altes Brot | | |
| | den | rohen | Schinken | | | | | | | | |
| | einen | rohen | Schinken | | | | | | | | |

**C1**   **Ergänzen Sie die Adjektivendungen.**

_Ich mag_

- alt**en** Käse
- weich...... Brötchen _(Pl.)_
- scharf...... Salami
- süß...... Orangensaft

_Ich mag_

- gekocht...... Eier _(Pl.)_
- frisch...... Brot
- italienisch...... Rotwein
- heiß...... Kaffee

**C2**   **Welche Adjektive passen?**

a) Ergänzen Sie die Adjektive in der richtigen Form.

> sauer ▪ frisch ▪ roh ▪ hässlich ▪ neu ▪ schnell ▪ teuer ▪ bitter ▪ heiß ▪ groß ▪ **kalt**

◼ Ich trinke gerne _kalte_ Milch.

1. Ich habe ............... Hunger.
2. Frieda fährt ein ............... Motorrad.
3. Wir haben einen ............... Drucker.
4. Isst du täglich ............... Obst?
5. Mögt ihr ............... Schokolade?

6. Ich nehme einen ............... Tee mit Rum.
7. Für den Apfelkuchen brauchen Sie drei ............... Äpfel.
8. Wir kaufen den ............... Stuhl nicht!
9. Ich möchte gern 100 Gramm ............... Schinken.
10. In meinem Büro habe ich nur ............... Möbel.

b) Ergänzen Sie die Adjektive in der richtigen Form.

> ausgezeichnet ▪ gut ▪ gekocht ▪ frisch ▪ roh (2 ×)

Andreas:   Die Auswahl ist schwer. Hier gibt es sehr ............... Fisch.

Beate:   Ich möchte heute ............... Gemüse.

         Letztes Jahr waren wir in Rom! Dort gibt es ein ............... Fisch-Restaurant.

Andreas:   Wir waren letztes Jahr in Japan. In Japan isst man ............... Fisch!

Beate:   Ich esse lieber ............... Fisch.

Andreas:   Aber ............... Fisch schmeckt gut und ist gesund.

**Der Plural der Nomen**

| 1. | Singular | Plural |
|---|---|---|
| --- | das Messer | die Messer |
| | das Zimmer | die Zimmer |
| | das Brötchen | die Brötchen |

| 4. | Singular | Plural |
|---|---|---|
| -er (oft Umlaut) | das Glas | die Gläser |
| | der Mann | die Männer |
| | das Bild | die Bilder |

| 2. | Singular | Plural |
|---|---|---|
| -e (oft Umlaut) | das Telefon | die Telefone |
| | der Tisch | die Tische |
| | der Platz | die Plätze |

| 5. | Singular | Plural |
|---|---|---|
| -(e)n | die Banane | die Bananen |
| | der Mensch | die Menschen |
| | die Tasse | die Tassen |

| 3. | Singular | Plural |
|---|---|---|
| -s | das Büro | die Büros |
| | das Hobby | die Hobbys |
| | der Euro | die Euros |

Sonderformen:

Nomen auf -um: das Museum ➝ die Museen

Mengen und Maße:
1 Kilo/Pfund Kartoffeln ➝ 3 Kilo/Pfund Kartoffeln
1 Liter Wasser ➝ 4 Liter Wasser

**C3    Ergänzen Sie die Pluralformen.**

- das Brötchen — Ich esse zum Frühstück zwei *Brötchen*.
1. das Weinglas — Wo sind die ....................?
2. die Zwiebel — Wie viele .................... brauchen wir?
3. das Küchenmesser — Ich nehme zum Kochen immer zwei ....................
4. das Kilo, das Pfund — Ich hätte gern fünf .................... Kartoffeln und drei .................... Bohnen.
5. der Teller — Haben wir für so viele Gäste genug ....................?
6. der Apfel, die Banane, die Orange — Für einen guten Obstsalat brauchen Sie zwei ...................., zwei .................... und zwei ....................
7. die Tasse — Er trinkt jeden Tag drei .................... Kaffee.
8. die Scheibe — Ich nehme zwei .................... Schinken.
9. die Schüssel — Für die Nachspeise brauchen wir vier kleine ....................
10. das Ei — Wie viele .................... isst du zum Frühstück?

**C4    Ergänzen Sie die Singularformen.**

| Plural | Singular | | Plural | Singular |
|---|---|---|---|---|
| ■ die Menschen | *der Mensch* | | 8. die Filme | ................................. |
| 1. die Einwohner | ................................. | | 9. die Jahre | ................................. |
| 2. die Universitäten | ................................. | | 10. die Theater | ................................. |
| 3. die Hochschulen | ................................. | | 11. die Museen | ................................. |
| 4. die Tische | ................................. | | 12. die Bilder | ................................. |
| 5. die Telefone | ................................. | | 13. die Kunstwerke | ................................. |
| 6. die Computer | ................................. | | 14. die Erfindungen | ................................. |
| 7. die Autos | ................................. | | 15. die Städte | ................................. |

## Verben

### Das Modalverb *mögen*

| Konjugation | ich | mag | | wir | mögen |
|---|---|---|---|---|---|
| | du | magst | | ihr | mögt |
| | er/sie/es | mag | | sie/Sie | mögen |

**Satzbau**   oft:    konjugiertes Verb + Nomen/Personalpronomen
selten:  konjugiertes Verb + Infinitiv

| I. | II. | III. | Satzende |
|---|---|---|---|
| Ich | mag | keinen Fisch. | |
| Sie | mag | die Kollegin. | |
| Ich | mag | heute nicht ins Kino | gehen. |

**Gebrauch**
Sympathie:  Ich mag dich.
Vorliebe:   Ich mag Schokolade.
Abneigung:  Ich mag keine Leberwurst.
Ich mag heute nicht ins Kino gehen.

**C5**  **Ergänzen Sie *mögen*.**

1. Oma ..............
   Unsere Freunde ..............  } Kartoffelsalat sehr.
   Wir ..............

2. Ich   *mag*
   Paul ..............  } kein Fleisch.
   Wir ..............

3. Herr Krüger ..............
   Fritz und Georg ..............  } Krimis.
   Ich ..............

4. .............. du
   .............. ihr  } die neue Sekretärin?
   .............. Sie

**C6**  **Ergänzen Sie *mögen, können* oder *möchte(n)* in der richtigen Form.**

■ *Magst* du Schokolade?

1. .................... Sie klassische Musik?

2. .................... du gut Tennis spielen?

3. Ich .................... ein Kilo Erdbeeren.

4. .................... du noch eine Tasse Tee?

5. Wo .................... man hier etwas essen?

6. Nein, danke, ich .................... bitte keinen Wein mehr.

7. .................... ihr meinen Drucker reparieren?

8. Franz .................... die Rechnung nicht bezahlen.

9. Wir .................... bitte ein Doppelzimmer.

**C7** **Ergänzen Sie die Tabelle.**

|  | kochen | kaufen | trinken | essen | nehmen | braten |
|---|---|---|---|---|---|---|
| ich | *koche* | .............. | .............. | .............. | .............. | .............. |
| du | .............. | .............. | .............. | .............. | *nimmst* | *brätst* |
| er/sie/es/man | .............. | *kauft* | .............. | .............. | .............. | *brät* |
| wir | *kochen* | .............. | .............. | *essen* | | |
| ihr | .............. | .............. | .............. | .............. | | |
| sie/Sie | .............. | .............. | *trinken* | .............. | | |

**C8** **Ergänzen Sie die fehlenden Verben.**

können • spielen • haben (2×) • geben • **wohnen**
arbeiten • finden • gehen • besuchen • möchte(n)
sein • essen (2×)

Liebe Beate,

viele Grüße aus Berlin! Ich *wohne* bei Familie Müller.
Herr Müller ..................... als Physiker bei Siemens und Frau Müller .....................
Lehrerin. Sie ..................... zwei Kinder, Marie ist 13 Jahre alt und Gustav ist 16.

Mit dem Essen ..................... ich ein paar Probleme. Zum Frühstück ..................... es
nur Brötchen mit Butter, Marmelade, Honig oder Käse. Ich ..................... aber viel
lieber Rühreier zum Frühstück! Mittags ..................... man in Deutschland warm.
Das ..................... ich seltsam.

Ich ..................... jetzt mittags Wiener Schnitzel oder Spaghetti. Abends .....................
ich oft in ein kleines Restaurant. Dort ..................... man gut und billig essen.
Morgen früh ..................... ich mit Marie und Gustav Tennis und nachmittags
..................... wir das Pergamon-Museum.

Bis bald!
Dein Paolo

**C9** **Schreiben Sie in einem Brief an eine Freundin/einen Freund:**

- … wo Sie wohnen.
- … was Sie besonders mögen.
- … was Sie essen und trinken.
- … was Sie heute/morgen noch machen.

**C10**  Formulieren Sie Aufforderungen.

■  die Kartoffeln – kochen    *Kochen Sie die Kartoffeln.*

1. das Obst – waschen    .................................................................

2. die Orangen – schälen    .................................................................

3. Bioprodukte – kaufen    .................................................................

4. die Tomaten – in kleine Stücke – schneiden    .................................................................

5. täglich – Vollkornbrot – essen    .................................................................

6. viel Milch – trinken    .................................................................

7. die Suppe – mit Salz – würzen    .................................................................

8. das Fenster – öffnen    .................................................................

> **Imperativ** *(formell)*
>
> Schälen Sie die Zwiebeln!
> Schreiben Sie bitte den Brief.

**Präteritum von *sein* und *haben***

| sein | Präsens | Präteritum | | haben | Präsens | Präteritum |
|------|---------|-----------|---|-------|---------|-----------|
| ich | bin | war | | ich | habe | hatte |
| du | bist | warst | | du | hast | hattest |
| er/sie/es | ist | war | | er/sie/es | hat | hatte |
| wir | sind | waren | | wir | haben | hatten |
| ihr | seid | wart | | ihr | habt | hattet |
| sie | sind | waren | | sie | haben | hatten |
| Sie | sind | waren | | Sie | haben | hatten |

**C11**  Ergänzen Sie *haben* oder *sein* im Präteritum.

1. Mein Bruder    ..............
   Unsere Freunde    ..............  } früher einen Hund.
   Wir    ..............

2. Wir    *hatten*
   Ich    ..............  } Glück.
   Du    ..............

3.  Wo  { .............. du?
         .............. Frau Krause?
         .............. die Studenten? }

4. .............. ihr
   .............. Sie  } am Wochenende in Berlin?
   .............. Otto

**C12**  Ergänzen Sie *haben* oder *sein* im Präteritum.

■  Wie viele Tage *waren* Sie in London?

1. .............. ihr schon mal in Italien?

2. Ich .............. ein sehr ruhiges Zimmer.

3. Wie lange .............. du in München?

4. .............. ihr einen Fernseher im Zimmer?

5. Marie .............. kein Geld.

6. .............. Sie im Deutschen Museum?

7. Ich .............. keine Zeit.

8. Johann .............. früher Taxifahrer.

9. Das Restaurant .............. eine große Auswahl an Fischgerichten.

10. Nein, wir .............. keinen Fernseher und kein Radio.

## Personalpronomen im Akkusativ

**C13** Antworten Sie und ersetzen Sie die Nomen durch ein Personalpronomen.

■ Besuchst du <u>Peter</u> heute Abend?
*Ja, ich besuche ihn heute Abend.*

1. Findest du <u>Beate</u> nett?
   .........................................................

2. Isst du <u>den Fisch</u>?
   .........................................................

3. Findest du <u>das Konzert</u> interessant?
   .........................................................

4. Trinkst du <u>den Kaffee</u> noch?
   .........................................................

5. Kannst du <u>den Lehrer</u> hören?
   .........................................................

6. Brauchen Sie <u>die Dokumente</u> noch?
   .........................................................

7. Liest du <u>deine E-Mails</u> heute?
   .........................................................

8. Nehmt ihr <u>das Zimmer</u>?
   .........................................................

9. Findest du <u>den Salat</u> lecker?
   .........................................................

**Personalpronomen im Akkusativ**

|  |  | Nominativ | Akkusativ |
|---|---|---|---|
| Singular | 1. Person | ich | mich |
|  | 2. Person | du | dich |
|  | 3. Person | er | ihn |
|  |  | sie | sie |
|  |  | es | es |
| Plural | 1. Person | wir | uns |
|  | 2. Person | ihr | euch |
|  | 3. Person | sie | sie |
| formell |  | Sie | Sie |

10. Schmecken <u>die Kartoffeln</u> gut? ........................................................
11. Magst du <u>deinen Chef</u>? ........................................................
12. Isst du <u>deine Pommes frites</u> noch? ........................................................
13. Trinkst du <u>den Tee</u> mit Zucker? ........................................................
14. Siehst du <u>das alte Haus</u>? ........................................................
15. Kennst du <u>Frau Krause</u>? ........................................................
16. Hörst du <u>die Musik</u>? ........................................................
17. Kaufst du <u>den Wein</u>? ........................................................

**C14** Ergänzen Sie *ich* oder *mich*.

■ *Ich* esse gern Gemüse.

1. Die Ausstellung interessiert ........... nicht.
2. Kommt ihr ........... besuchen?
3. ........... fahre nach Italien.
4. Petra mag ...........
5. Liebesromane lese ........... sehr gern.
6. Findest du ........... schön?
7. Hört ihr ...........?
8. Kennst du ........... nicht mehr?
9. Brauchen Sie ........... noch?
10. Liebst du ...........?
11. ........... komme morgen.

## Rückblick

 **D1** **Wichtige Redemittel**
Hören Sie die Redemittel. Sprechen Sie die Wendungen nach und übersetzen Sie sie in Ihre Muttersprache.

Zweisprachige Redemittellisten finden Sie hier: **www.schubert-verlag.de/wortschatz**

| Deutsch | Ihre Muttersprache |
|---|---|
| **Im Restaurant** | |
| Guten Morgen! | .................................................... |
| Ich möchte bitte *(eine Tasse Kaffee)*. | .................................................... |
| Ich nehme *(das Schnitzel)*. | .................................................... |
| Ich esse *(den Lachs)*. | .................................................... |
| Ich trinke *(ein Bier)*. | .................................................... |
| Ich hätte gern *(ein Glas Weißwein)*. | .................................................... |
| Wie schmeckt *(der Salat)*? | .................................................... |
| *(Er)* schmeckt ausgezeichnet/gut! | .................................................... |
| *(Er)* schmeckt schrecklich! | .................................................... |
| Ich finde *(ihn)* lecker/köstlich! | .................................................... |
| Ich finde *(ihn)* ungenießbar! | .................................................... |
| Guten Appetit! | .................................................... |
| Zum Wohl! | .................................................... |
| Prost! | .................................................... |
| Die Rechnung bitte! | .................................................... |
| Ich möchte bitte zahlen. | .................................................... |
| **Lebensmittel einkaufen** | |
| Ich möchte bitte *(zwei Kilo Kartoffeln)*. | .................................................... |
| Ich nehme *(drei Bananen)*. | .................................................... |
| Ich brauche *(200 Gramm Schinken)*. | .................................................... |
| Sonst noch etwas? | .................................................... |
| Ist das alles? Ja, das ist alles. | .................................................... |
| Haben Sie das Geld passend? | .................................................... |
| **Kochen** | |
| Schälen Sie *(das Obst)*. | .................................................... |
| Schneiden Sie *(die Äpfel)*. | .................................................... |
| Kochen Sie *(die Kartoffeln)*. | .................................................... |
| Braten Sie *(das Fleisch)*. | .................................................... |
| Geben Sie *(die Obststücke)* in eine Schüssel. | .................................................... |
| Vermengen Sie *(das Obst mit Zucker)*. | .................................................... |
| **Essgewohnheiten** | |
| Ich esse zum Frühstück *(frisches Obst)*, | .................................................... |
| zum Mittagessen *(Fleisch mit Kartoffeln)* und | .................................................... |
| zum Abendbrot *(Spaghetti)*. | .................................................... |

Ich trinke gerne/oft (ein Glas Orangensaft). .........................................................

Ich mag (keine Tomatensuppe). .........................................................

In (Frankreich) isst man viel Weißbrot/
trinkt man gern (ein Glas Wein). .........................................................

Zum (Frühstück) gibt es normalerweise
(ein Brötchen mit Marmelade). .........................................................

Das (Mittagessen) besteht aus (Fleisch und Kartoffeln). .........................................................

Zum (Abendbrot) essen
viele Menschen (Brot und Wurst). .........................................................

(Kaffee) ist sehr beliebt. .........................................................

Viele Menschen mögen auch (Schokolade). .........................................................

Ein besonderes Getränk ist (der Apfelwein). .........................................................

### D2 Kleines Wörterbuch der Verben

| mögen | ich mag | du magst | er/sie mag |
| | wir mögen | ihr mögt | sie mögen |

| bestehen | Das Frühstück besteht aus … | | |

| bevorzugen | ich bevorzuge | du bevorzugst | er/sie bevorzugt |
| (etwas bevorzugen) | wir bevorzugen | ihr bevorzugt | sie bevorzugen |

| braten | ich brate | du brätst | er/sie brät |
| (Fleisch braten) | wir braten | ihr bratet | sie braten |

| enthalten | Die Kartoffel enthält …/Pommes frites enthalten … | | |

| essen | ich esse | du isst | er/sie isst |
| | wir essen | ihr esst | sie essen |

| geben | Es gibt in teuren Hotels … | | |

| kaufen | ich kaufe | du kaufst | er/sie kauft |
| | wir kaufen | ihr kauft | sie kaufen |

| leben | ich lebe | du lebst | er/sie lebt |
| | wir leben | ihr lebt | sie leben |

| mischen | ich mische | du mischst | er/sie mischt |
| (Wein mit Wasser mischen) | wir mischen | ihr mischt | sie mischen |

| pürieren | ich püriere | du pürierst | er/sie püriert |
| | wir pürieren | ihr püriert | sie pürieren |

| schälen | ich schäle | du schälst | er/sie schält |
| (einen Apfel schälen) | wir schälen | ihr schält | sie schälen |

| schmecken | Der Käse schmeckt …/Die Weintrauben schmecken … | | |

| schneiden | ich schneide | du schneidest | er/sie schneidet |
| (das Obst schneiden) | wir schneiden | ihr schneidet | sie schneiden |

| vermengen | ich vermenge | du vermengst | er/sie vermengt |
| (Obst mit Zucker vermengen) | wir vermengen | ihr vermengt | sie vermengen |

| waschen | ich wasche | du wäschst | er/sie wäscht |
| (die Petersilie waschen) | wir waschen | ihr wascht | sie waschen |

| würzen | ich würze | du würzt | er/sie würzt |
| (das Essen würzen) | wir würzen | ihr würzt | sie würzen |

 **D3** **Evaluation**
Überprüfen Sie sich selbst.

| Ich kann | gut | nicht so gut |
|---|:---:|:---:|
| Ich kann über meine Essgewohnheiten berichten. | ☐ | ☐ |
| Ich kann Lebensmittel einkaufen. | ☐ | ☐ |
| Ich kann im Restaurant bestellen und zahlen. | ☐ | ☐ |
| Ich kann einfache Anweisungen zum Kochen verstehen und geben. | ☐ | ☐ |
| Ich kann einfache Ratschläge zur gesunden Ernährung verstehen und geben. | ☐ | ☐ |
| Ich kann meine Meinung über das Essen sagen. | ☐ | ☐ |
| Ich kann einen einfachen Text über Essgewohnheiten verstehen. | ☐ | ☐ |
| Ich kann einen einfachen Text über die Kartoffel und einfache Kartoffel-Rezepte verstehen. (*fakultativ*) | ☐ | ☐ |

## Wichtige Redemittel für den Unterricht

Übersetzen Sie die Redemittel in Ihre Muttersprache.

Zweisprachige Redemittellisten finden Sie hier: **www.schubert-verlag.de/wortschatz**

| Deutsch | Ihre Muttersprache |
| --- | --- |
| **Instruktionen im Deutschkurs** | |
| Antworten Sie. | |
| Beantworten Sie die Frage. | |
| Berichten Sie. | |
| Bilden Sie Sätze. | |
| Diskutieren Sie mit Ihrer Nachbarin/Ihrem Nachbarn. | |
| Ergänzen Sie. | |
| Fragen Sie Ihre Nachbarin/Ihren Nachbarn. | |
| Hören Sie das Gespräch/den Dialog. | |
| Kombinieren Sie. | |
| Kreuzen Sie an. | |
| Lesen Sie den Text. | |
| Markieren Sie. | |
| Ordnen Sie zu. | |
| Schreiben Sie einen Text/eine E-Mail … | |
| Spielen Sie Dialoge. | |
| Sprechen Sie nach. | |
| Wiederholen Sie. | |
| | |
| **Man versteht/weiß etwas nicht** | |
| Wie sagt man … auf Deutsch? | |
| Ich verstehe (das/dich/Sie) nicht. | |
| Wie bitte? | |
| Kannst du/Können Sie das noch einmal wiederholen? | |
| Sprechen Sie bitte langsam(er)./Sprich bitte langsam(er). | |
| Ich habe eine Frage. | |
| Darf ich (dich/Sie) etwas fragen? | |
| Weißt du das?/Wissen Sie das? | |
| | |
| **Nach der Meinung fragen** | |
| Was denkst du?/Was denken Sie? | |
| Was meinst du?/Was meinen Sie? | |
| Wie findest du das?/Wie finden Sie das? | |

**Deutsch**

**Ihre Muttersprache**

Die Meinung sagen

Ich denke, …/Ich glaube, …

Ich weiß es nicht./Ich habe keine Ahnung.

Ich bin (nicht) sicher.

(Ja,) das ist richtig./Das stimmt./Das glaube ich auch.

(Nein,) das ist falsch./Das stimmt nicht.

Das glaube ich nicht.

Du hast recht./Sie haben recht.

Das finde ich (nicht so) gut/toll/schön/wichtig.

Und du/Sie?

Ich auch./Ich nicht./Ich schon.

Ich mag …

Ich möchte lieber …

## 1 Guten Tag

**A 4** Sigmund Freud kommt aus Österreich. Clara Schumann kommt aus Deutschland. Leonardo da Vinci kommt aus Italien. Joanne K. Rowling kommt aus England. Pablo Picasso kommt aus Spanien. Leo Tolstoi kommt aus Russland. Alfred Nobel kommt aus Schweden. Frédéric Chopin kommt aus Polen. Isabel Allende kommt aus Chile. Coco Chanel kommt aus Frankreich. Konfuzius kommt aus China. Nelson Mandela kommt aus Südafrika. Mahatma Gandhi kommt aus Indien. Haruki Murakami kommt aus Japan.

**A 9** 1. Walter 2. König 3. Merkel 4. Kohl 5. Jung 6. Einstein 7. Mozart

**A 10** München ist in Deutschland. Paris ist in Frankreich. Athen ist in Griechenland. Bukarest ist in Rumänien. Budapest ist in Ungarn. Venedig ist in Italien. Peking ist in China. Wien ist in Österreich. Porto ist in Portugal. Stockholm ist in Schweden. London ist in Großbritannien. Brüssel ist in Belgien. Kopenhagen ist in Dänemark. Köln ist in Deutschland.

**A 12** Kellner – Kellnerin, Ingenieur – Ingenieurin, Mathematiker – Mathematikerin, Manager – Managerin, Architekt – Architektin, Arzt – Ärztin, Student – Studentin, Taxifahrer – Taxifahrerin, Assistent – Assistentin

**A 13** 1. Später ist er Chemiker. 2. Später ist sie Juristin. 3. Später ist er Informatiker. 4. Später bin ich Ingenieur/in. 5. Später ist er Physiker. 6. Später bin ich Philosoph/in. 7. Später ist sie Malerin. 8. Später ist sie Musikerin. 9. Später ist er Journalist.

**A 14** 1. Koch/Köchin 2. Ingenieur/Ingenieurin 3. Polizist/Polizistin 4. Mechaniker/Mechanikerin 5. Architekt/ Architektin 6. Arzt/ Ärztin 7. Kellner/Kellnerin 8. Maler/Malerin

**A 15** ich komme – du kommst – er kommt – sie kommt – sie *(Pl.)* kommen – Sie kommen
ich wohne – du wohnst – er wohnt – sie wohnt – sie *(Pl.)* wohnen – Sie wohnen
ich heiße – du heißt – er heißt – sie heißt – sie *(Pl.)* heißen – Sie heißen

**A 16** 1. kommt 2. heiße 3. heißt 4. ist 5. wohnen 6. kommen 7. sind 8. bin 9. wohnst 10. studiere 11. heißen 12. kommst

**A 17** Griechenland – Griechisch, Russland – Russisch, Japan – Japanisch, Tschechien – Tschechisch, Ungarn – Ungarisch, China – Chinesisch, Großbritannien – Englisch, Polen – Polnisch, Mexiko – Spanisch, Portugal – Portugiesisch, USA – Englisch, Rumänien – Rumänisch, Türkei – Türkisch, Tunesien – Arabisch und Französisch, Kanada – Englisch und Französisch, Algerien – Arabisch und Französisch

**A 19** **Beispielsätze:** Nein, leider nicht. Ich spreche Spanisch und Englisch. – Ja, sie spricht ein bisschen Schwedisch. – Ja, er spricht gut Japanisch. – Nein, leider nicht. Ich spreche Deutsch und Italienisch. – Nein, leider nicht. Sie spricht Finnisch und Ungarisch. – Ja, ich spreche sehr gut Russisch. – Ja, ich spreche gut Griechisch. – Ja, ich spreche ein bisschen Deutsch. – Nein, leider nicht. Sie sprechen Deutsch und Englisch.

**A 22** Kopenhagen – aus Dänemark, Tokio – aus Japan, Hamburg – aus Deutschland, Oslo – aus Norwegen, Budapest – aus Ungarn, London – aus Großbritannien, Thessaloniki – aus Griechenland, Istanbul – aus der Türkei, Peking – aus China, Lissabon – aus Portugal, Athen – aus Griechenland, Neu-Delhi – aus Indien, Stockholm – aus Schweden, Amsterdam – aus den Niederlanden, Warschau – aus Polen

**A 24** Der Flug LH 4077 aus Florenz landet in 10 Minuten. Der Flug LH 4383 aus Toulouse landet in 15 Minuten. Der Flug LH 663 aus Moskau landet in 20 Minuten. Der Flug LH 1108 aus Zürich landet in 30 Minuten. Der Flug LH 2583 aus Warschau landet in 45 Minuten. Der Flug LH 2442 aus Porto landet in 50 Minuten.

**A 27** 1. ja 2. nein – 865 3. ja 4. ja 5. nein – 2837 6. nein – 6945 7. ja 8. ja 9. nein – 30986

**A 28** 1. vier 2. sieben 3. einundvierzig 4. vierundzwanzig 5. zwanzig 6. einundzwanzig 7. einundvierzig 8. dreißig 9. zwölf 10. vierundzwanzig 11. dreiundfünfzig

**A 29** **Autokennzeichen:** M = München, BN = Bonn, DD = Dresden, B = Berlin, H = Hannover, F = Frankfurt, N = Nürnberg, S = Stuttgart, EF = Erfurt, HH = Hamburg, D = Düsseldorf

**A 30** **Verben:** Sind/ist – kommen/komme – Studieren/studiere – sind/bin – Sprechen/spreche

**A 31** **Aussagesätze:** Mein Name ist Conrad Müller. Ich komme aus Berlin. In Frankreich spricht man Französisch. Das Verb steht auf Position 2.
**W-Frage:** Woher kommen Sie? Wie alt sind Sie? Wie heißen Sie? Das Verb steht auf Position 2.
**Ja-Nein-Frage:** Sprechen Sie Englisch? Studierst du in Berlin? Studiert er Medizin? Das Verb steht auf Position 1.

**A 32** 1. Sie wohnen in Madrid. 2. Bist du verheiratet? 3. Ich spreche Spanisch. 4. Wo wohnst du? 5. Was sind Sie von Beruf? 6. Jean studiert in London Informatik.

**A 33** 1. Wie alt sind Sie?/Wie alt bist du? 2. Woher kommen Sie?/Woher kommst du? 3. Wo wohnen Sie?/Wo wohnst du? 4. Was sind Sie von Beruf?/Was bist du von Beruf? 5. Sprechen Sie ein bisschen Spanisch?/Sprichst du ein bisschen Spanisch?

**A 35** **Maximilian:** Alter: vier Jahre, Hobbys: Fußball spielen; **Marie:** Alter: acht Jahre, Hobbys: im Chor singen; **Hans:** Familienstand: verheiratet, Beruf: Chemiker, Hobbys: Tennis spielen und Sprachen lernen; **Susanne:** Familienstand: verheiratet, Beruf: Managerin, Hobbys: Kriminalromane lesen; **Marta:** Familienstand: geschieden, Beruf: Mathematiklehrerin, Hobbys: Gitarre spielen und Musik hören; **Martin:** Familienstand: ledig, Beruf: Student, Hobbys: Online-Texte schreiben

**A 36** die Frau – die Mutter – die Tochter

**A 37** Marta spielt gut Gitarre und hört gern Musik. Hans spielt gern Tennis und lernt Sprachen. Susanne liest gern Kriminalromane. Martin schreibt Online-Texte. Marie singt gern im Chor.

**A 38** ich singe – du singst – er/sie/es singt – wir singen – ihr singt – sie singen – Sie singen
ich spiele – du spielst – er/sie/es spielt – wir spielen – ihr spielt – sie spielen – Sie spielen
ich lese – du liest – er/sie/es liest – wir lesen – ihr lest – sie lesen – Sie lesen

**A 39** a) 1. Nein, wir spielen nicht gern Fußball. 2. Ja, ich spiele gern Tennis. 3. Ja, wir spielen gern Basketball. 4. Nein, wir spielen nicht gern Hockey. 5. Nein, ich spiele nicht gern Gitarre. 6. Ja, wir spielen gern Bowling. 7. Ja, ich spiele gern Trompete. 8. Nein, wir spielen nicht gern Tennis.
b) 1. Lest ihr gerne Geschichtsromane? 2. Liest du gerne Kriminal-/Liebesromane? 3. Lest ihr gerne Romane? 4. Liest du gerne Kochbücher? 5. Lest ihr gerne Biografien?

**A 42** Das ist Franz. Er ist Student. Er studiert Journalistik. Er wohnt/studiert in Berlin. Seine Muttersprache ist Deutsch. Er spricht auch Französisch und Englisch. Er spielt sehr gut Tennis. Er liest gern Romane.

**B 2** 1. B: 16 2. C: 6 500 3. D: 8,8 Millionen 4. C: 4 5. B: 3,5 Millionen 6. C: 26 7. B: 4

**C 1** 1. studiert 2. wohnt 3. du 4. kommen 5. ist

**C 2** 1. Mein Nachbar 2. wohne 3. heißt 4. Lernst 5. studieren

**C 3** Wie heißen Sie? Mein Name ist Serena Rosso. Kommen Sie aus Italien? Ja, ich komme aus Mailand. Wohnen Sie in Frankfurt? Nein, ich wohne in Berlin. Und Sie? Wo wohnen Sie? Ich wohne in Frankfurt. Studieren Sie in Berlin? Ja, ich studiere Chemie. Sie sprechen sehr gut Deutsch. Ich spreche auch Englisch und Französisch.

**C 4** 1. spielt 2. singt 3. lernt 4. ist 5. hört 6. liest 7. spielt 8. spricht, schreibt

**C 5** a) 1. Spricht 2. sprechen 3. Sprecht 4. sprechen 5. spricht 6. sprechen

b) 1. arbeiten 2. arbeiten 3. arbeitet 4. Arbeitest 5. arbeitet
   6. arbeite
c) 1. lese 2. liest 3. lesen 4. liest 5. liest 6. Lesen
d) 1. bin 2. ist 3. ist 4. sind 5. Seid 6. Bist

C 6    1. Sandra kommt aus Schweden. Sie wohnt jetzt in Hamburg und studiert dort Medizin. Sie ist ledig. Sie spielt gern Volleyball und liest gern Kriminalromane. 2. Paolo kommt aus Spanien. Er wohnt jetzt in München. Dort arbeitet er als Ingenieur bei Siemens. Paolo spielt gern Fußball. 3. Klaus wohnt in Berlin. Er ist Journalist. Klaus ist verheiratet und hat drei Kinder. Er schreibt Gedichte. 4. Franziska wohnt in Wien. Sie ist Lehrerin. Sie ist geschieden. Sie hört gern Musik und singt im Chor.

C 7    1. Kommt Miguel aus Spanien? 2. Kerstin spricht Französisch und Englisch. 3. Ich lerne jetzt Deutsch. 4. Woher kommst du? 5. Was sind Sie von Beruf? 6. Wir wohnen in Berlin. 7. Paola arbeitet als Journalistin. 8. Spielst du gern Fußball? 9. Marie hört gern Musik. 10. Hört ihr auch gern Musik? 11. Peter lernt Spanisch. 12. Er liest nicht gern Liebesromane. 13. Liest du gern Liebesromane? 14. Spielt ihr gern Tischtennis? 15. Wir studieren in München Medizin./Wir studieren Medizin in München.

C 8    **Beispielsätze: a)** Ich heiße Anna Tatzikowa. Ich komme aus Moskau. Ich wohne in München und studiere Medizin. Meine Muttersprache ist Russisch. Ich spreche auch Englisch. Ich bin ledig. Ich spiele Tennis und höre gern Musik.
**b)** Mein Name ist Paul Ehrlicher. Ich wohne in Leipzig. Ich arbeite als Kriminalkommissar. Ich bin geschieden und habe zwei Kinder. Ich spreche Englisch. Ich spiele Gitarre und singe gern.
**c)** Ich heiße Petra Sommer. Ich wohne in Frankfurt und arbeite als Lehrerin. Ich bin verheiratet. Meine Muttersprache ist Deutsch. Ich spreche auch Englisch und Spanisch. Ich lerne Italienisch und schreibe Gedichte.

C 9    1. Woher 2. Wo 3. Was 4. Wie 5. Was 6. Welche 7. Was 8. Wie/Was 9. Wo/Was 10. Woher 11. Wie 12. Wo

C 10   **du:**  deine Schwester, dein Bruder, dein Vater, deine Mutter, deine Tochter, dein Sohn, dein Mann, dein Kind
**Sie:** Ihre Schwester, Ihr Bruder, Ihr Vater, Ihre Mutter, Ihre Tochter, Ihr Sohn, Ihr Mann, Ihr Kind
**ich:** meine Schwester, mein Bruder, mein Vater, meine Mutter, meine Tochter, mein Sohn, mein Mann, mein Kind
**er:**  seine Schwester, sein Bruder, sein Vater, seine Mutter, seine Tochter, sein Sohn, sein Mann, sein Kind

C 11   1. Ihr 2. deine 3. deine 4. Meine 5. dein 6. seine 7. ihr 8. Mein 9. Ihre 10. seine 11. Ihr 12. ihre 13. meine 14. deine

C 12   1. 23 2. 45 3. 99 4. 52 5. 36 6. 81 7. 78 8. 33

C 13   1. vier 2. sieben 3. acht 4. elf 5. zehn 6. fünfzehn 7. fünf 8. drei 9. sechs 10. dreizehn 11. sechzehn 12. siebenundzwanzig 13. vierzehn

C 14   1. fünf 2. einundachtzig 3. dreiundvierzig 4. zwölf 5. vierhundert 6. achtunddreißig 7. einhundertzwei 8. sechsundsiebzig 9. elf 10. zweitausend 11. neunzig 12. zwanzig 13. sechsundsechzig 14. zweiundfünfzig 15. siebzig

## 2   Erste Kontakte am Arbeitsplatz

A 2    1. das Telefon 2. die Lampe 3. der Stuhl 4. der Bleistift 5. der Terminkalender 6. der Schlüssel 7. der Computer/der Laptop 8. die Maus 9. der Drucker 10. der Schreibtisch 11. die Brille 12. die Kaffeemaschine 13. das Buch 14. die Tasse 15. das Handy/das Mobiltelefon/das Smartphone

A 3    **Peter Lindau:** Das ist mein Büro. Tja, ein chaotisches Büro. Hier ist mein <u>Stift</u>, dort stehen mein <u>Computer</u> und mein <u>Drucker</u>. Auf dem <u>Schreibtisch</u> sind einige <u>Fotos</u> und <u>Dokumente</u>. Eine <u>Lampe</u> habe ich auch, aber die ist kaputt. Und eine <u>Kaffeemaschine</u> – die funktioniert sehr gut. Ich trinke sehr viel Kaffee, hier steht meine <u>Tasse</u>. Ein <u>Telefon</u> habe ich natürlich auch. Das Telefon ist sehr wichtig. Ich mache Reportagen und schreibe Artikel für Zeitungen.

**Rita Kalt:** Also, das ist mein Büro hier. Moment, wo sind meine <u>Brille</u> und mein <u>Schlüssel</u>? Ah, hier, auf meinem <u>Schreibtisch</u>. Ich habe in meinem Büro viele <u>Bücher</u> und <u>Dokumente</u>. Ich lese oft Fachbücher. Hier sind mein <u>Computer</u>, mein <u>Drucker</u> und meine <u>Lampe</u>. Ein <u>Telefon</u> habe ich auch. Ich telefoniere sehr viel. Sehr wichtig ist mein <u>Terminkalender</u>. Ich arbeite an der Universität und habe viele Studenten.

A 4    Peter Lindau ist Journalist. Rita Kalt ist Lehrerin an einer Universität.

A 5    **Büro von Peter Lindau:**
Im Büro ist:  ein Computer, ein Drucker, ein Stift, ein Schreibtisch, eine Lampe, eine Kaffeemaschine, ein Telefon, eine Tasse
Im Büro ist:  kein Terminkalender, keine Brille, kein Schlüssel
Im Büro sind: Fotos, Dokumente
Im Büro sind: keine Bücher

**Büro von Rita Kalt:**
Im Büro ist:  ein Computer, ein Drucker, eine Brille, ein Schlüssel, ein Schreibtisch, eine Lampe, ein Terminkalender, ein Telefon
Im Büro ist:  kein Stift, keine Kaffeemaschine, keine Tasse
Im Büro sind: Bücher und Dokumente
Im Büro sind: keine Fotos

A 9    1. telefonieren 2. schreiben 3. arbeiten 4. sitzen 5. sehen 6. fahren 7. arbeiten 8. spielen

A 10   der Drucker, die Lampe, das Problem

A 12   neu – alt, schön – hässlich, modern – unmodern, bequem – unbequem, klein – groß, teuer – billig, praktisch – unpraktisch, interessant – langweilig, hell – dunkel

A 13   **Beispielsätze: 1.** Es ist ein alter Computer. **2.** Die Uhr ist nicht teuer. Es ist eine billige Uhr. **3.** Das Bild ist nicht schön. Es ist ein hässliches Bild. **4.** Das Buch ist nicht interessant. Es ist ein langweiliges Buch. **5.** Das Auto ist nicht billig. Es ist ein teures Auto. **6.** Das Büro ist nicht dunkel. Es ist ein helles Büro. **7.** Der Schreibtisch ist nicht praktisch. Es ist ein unpraktischer Schreibtisch. **8.** Das Handy ist nicht alt. Es ist ein neues Handy. **9.** Die Lampe ist nicht dunkel. Es ist eine helle Lampe. **10.** Das Regal ist nicht groß. Es ist ein kleines Regal. **11.** Der Drucker ist nicht billig. Es ist ein teurer Drucker. **12.** Das Telefon ist nicht unmodern. Es ist ein modernes Telefon. **13.** Die Brille ist nicht hässlich. Es ist eine schöne Brille. **14.** Der Stuhl ist nicht bequem. Es ist ein unbequemer Stuhl. **15.** Die Maus ist nicht teuer. Es ist eine billige Maus. **16.** Der Kopierer ist nicht neu. Es ist ein alter Kopierer.

A 14   **b) (1g)** das Sekretariat – Informationen bekommen **(2e)** die Verwaltung – Rechnungen bezahlen **(3b)** die Bibliothek – Zeitungen und Bücher lesen **(5h)** die Kantine – etwas essen (Mitarbeiter) **(6c)** die Mensa – etwas essen (Studenten) **(7a)** die Sporthalle – Volleyball oder Fußball spielen **(8d)** die Cafeteria – Kaffee trinken
**Hörtext:**
Peter:   Ist das die Verwaltung?
Lisa:    Nein, das ist nicht die Verwaltung, das ist das Sekretariat. Hier arbeiten viele Assistentinnen und Assistenten. Im Sekretariat können Sie viele Informationen bekommen, zum Beispiel: Wo kann man Zeitung lesen? Wo kann man Sprachen lernen? … Und gleich hier arbeite ich.
Peter:   Ein sehr großes Büro haben Sie!
Lisa:    Ja … Hier ist die Verwaltung. Der Verwaltungsleiter heißt Paul Fischer, er ist sehr nett … In der Verwaltung bezahlt man Rechnungen. Und das ist unsere Bibliothek. Hier können Sie Bücher und Zeitungen lesen …
Peter:   Sehr gemütlich! Eine schöne Bibliothek.
Lisa:    Das hier ist unser Sprachenzentrum. Hier können die Studentinnen und Studenten Sprachkurse besuchen. Es ist sehr modern.
Peter:   Wo kann man hier etwas essen?
Lisa:    Das ist die Kantine. Dort essen die Mitarbeiterinnen und Mitarbeiter. Das Essen ist sehr gut. Hier ist die

Mensa für die Studentinnen und Studenten. Das Essen ist dort, glaube ich, nicht so gut.

Peter: Dann esse ich in der Kantine.

Lisa: Natürlich. Sie sind ja unser neuer Mitarbeiter. Wir haben auch eine neue Sporthalle. Man kann hier Volleyball oder Fußball spielen. Kommen Sie, wir trinken einen Kaffee in der Cafeteria.

Peter: Nein, danke. Ich habe Hunger. Ich esse etwas in der Kantine.

**A 15** 1. Kaffee trinken 2. Volleyball oder Fußball spielen 3. Informationen bekommen 4. Rechnungen bezahlen 5. Sprachen lernen, Sprachkurse besuchen, 6. etwas essen 7. etwas essen

**A 16** 1. Im Sekretariat kann man Informationen bekommen. 2. Ich kann sehr gut kochen. 3. Hier kann man Zeitung lesen./Man kann hier Zeitung lesen. 4. Wir können im Sprachenzentrum Englisch lernen./Im Sprachenzentrum können wir Englisch lernen.

**A 17** Rechnungen bezahlen/schreiben, Bücher lesen/schreiben, Sprachen lernen, Informationen bekommen, Zeitung/Texte lesen, Sprachkurse besuchen, Kaffee trinken/bezahlen, Englisch lernen, Texte schreiben/lesen

**A 19** 1. Auto fahren 2. lesen 3. fotografieren 4. telefonieren 5. Bier trinken 6. wandern 7. Musik hören 8. Sport machen 9. im Internet surfen 10. Fremdsprechen lernen 11. kochen 12. Freunde besuchen

**A 21** 1. Nein, ich fotografiere lieber schöne Landschaften. 2. Nein, ich spiele lieber ein Instrument. 3. Nein, ich telefoniere lieber. 4. Nein, sie fährt lieber Auto. 5. Nein, ich lese lieber Romane. 6. Nein, ich surfe lieber im Internet. 7. Nein, er trinkt lieber Bier. 8. Nein, ich arbeite lieber. 9. Nein, wir lernen lieber Fremdsprachen.

**A 22** a) 1. richtig 2. falsch 3. richtig 4. falsch 5. falsch 6. richtig

**A 23** 1. Nein, ich singe nicht. 2. Nein, ich spreche nicht gut Schwedisch. 3. Nein, ich kann nicht gut Fußball spielen. 4. Nein, ich kann nicht gut kochen. 5. Nein, ich lerne nicht gern Deutsch.

**A 24** 1. Wie findest du Marburg? 2. Fahrt ihr nach München? 3. Kannst du gut singen? 4. Welche Sprache sprecht ihr zu Hause? 5. Lernt ihr auch Deutsch?

**A 25** spielen: Gitarre, Trompete, Klavier, Schach, Fußball, Tennis, Pingpong, Karten, Saxofon, Golf
machen: Gymnastik, Sport
lesen: Gedichte, Literatur, Zeitung
lernen: Portugiesisch, Mathematik, Deutsch
hören: Hip-Hop, Rockmusik, klassische Musik
tanzen: Salsa, Tango
fahren: Fahrrad, Motorrad, Ski

**B 2** 1. spielen 2. telefonieren 3. surfen 4. wandern 5. machen 6. besuchen 7. hören 8. lesen

**C 1** der: der Drucker, der Computer, der Stift, der Bildschirm, der Sprachkurs, der Stuhl, der Schreibtisch, der Name
die: die Kantine, die Sporthalle, die Kaffeemaschine, die Universität, die Maus, die Bibliothek, die Verwaltung, die Brille, die Zeitung, die Telefonnummer
das: das Telefon, das Büro, das Handy, das Buch, das Sprachenzentrum, das Problem, das Bild
Wörter auf -ung sind immer feminin.
Viele Wörter auf -e sind feminin.

**C 2** Beispielsätze: 1. Das ist ein neues Telefon. 2. Das ist eine moderne Kantine. 3. Das ist eine schöne Kaffeemaschine. 4. Das ist eine moderne Bibliothek. 5. Das ist ein langweiliges Buch. 6. Das ist ein alter Bildschirm. 7. Das ist eine helle Lampe. 8. Das ist ein hässlicher Schreibtisch. 9. Das ist ein bequemer Stuhl. 10. Das ist eine preiswerte Uhr. 11. Das ist ein kleines Regal. 12. Das ist ein schönes Bild. 13. Das ist ein neuer Stift. 14. Das ist ein altes Handy. 15. Das ist ein interessantes Problem.

**C 3** 1. Der Computer ist alt. 2. Die Lampe ist hässlich. 3. Der Sprachkurs ist langweilig. 4. Das Büro ist klein. 5. Der Schreibtisch ist unmodern. 6. Das Büro ist dunkel. 7. Der Stuhl ist unbequem.

**C 4** 1. du – dein Buch, er – sein Buch, sie – ihr Buch, wir – unser Buch, Sie – Ihr Buch 2. ich – Mein Drucker, du – Dein Drucker, Sie – Ihr Drucker, wir – Unser Drucker, ihr – Euer Drucker 3. ich – meine Freundin, er – seine Freundin, sie – ihre Freundin, wir – unsere Freundin 4. ich – Mein Bruder, er – Sein Bruder, sie – Ihr Bruder, wir – Unser Bruder 5. wir – Unsere Kinder, er – Seine Kinder

**C 5** 1. Ist das dein Büro? 2. Ist das deine Brille? 3. Ist das Ihr Auto? 4. Ist das dein Drucker? 5. Ist das Ihr Laptop? 6. Ist das dein Schreibtisch?

**C 6** 1. er 2. er 3. es 4. sie 5. sie 6. es 7. er 8. es

**C 7** 1. Können Sie Gitarre spielen? Natürlich kann ich Gitarre spielen. 2. Kannst du Auto fahren? Natürlich kann ich Auto fahren. 3. Könnt ihr Fußball spielen? Natürlich können wir Fußball spielen. 4. Können Sie kochen? Natürlich kann ich/können wir kochen. 5. Kannst du Klavier spielen? Natürlich kann ich Klavier spielen. 6. Können Sie hier gut arbeiten? Natürlich kann ich/können wir hier gut arbeiten. 7. Kannst du Englisch sprechen? Natürlich kann ich Englisch sprechen. 8. Könnt ihr gut singen? Natürlich können wir gut singen. 9. Kann ich hier Kaffee trinken? Natürlich kannst du/können Sie hier Kaffee trinken.

**C 8** 1. Könnt 2. Kannst 3. kann 4. Könnt 5. kann 6. können

**C 9** fahren: ich fahre, du fährst, er/sie/es/man fährt, wir fahren, ihr fahrt, sie fahren, Sie fahren; tanzen: ich tanze, du tanzt, er/sie/es/man tanzt, wir tanzen, ihr tanzt, sie tanzen, Sie tanzen; lesen: ich lese, du liest, er/sie/es/man liest, wir lesen, ihr lest, sie lesen, Sie lesen; wandern: ich wandere, du wanderst, er/sie/es/man wandert, wir wandern, ihr wandert, sie wandern, Sie wandern; fotografieren: ich fotografiere, du fotografierst, er/sie/es/man fotografiert, wir fotografieren, ihr fotografiert, sie fotografieren, Sie fotografieren

**C 10** 1. Wohnen – wohne 2. machen – fahren 3. Kann – spielt 4. Studierst – studiere 5. Fährst – arbeite 6. Könnt – kommen 7. Tanzt – kann 8. Fotografiert – fotografieren 9. Wandert – lernen

**C 11** 1. Singst 2. Schreibst 3. Machst 4. Hören 5. Könnt 6. Kannst 7. Studiert/Studieren 8. Spielen 9. Kannst 10. Fährst 11. Kann

**C 12** 1. Sport kann man nicht spielen. 2. Ein Büro kann man nicht besuchen. 3. Die Zeitung kann man nicht lernen. 4. Englisch kann man nicht bezahlen. 5. Volleyball kann man nicht fahren. 6. Fußball kann man nicht hören.

**C 13** 1. nicht 2. nicht 3. kein 4. nicht 5. nicht. 6. nicht 7. keine 8. nicht

**C 14** 1. an 2. nach 3. aus 4. an, in 5. bei, in 6. aus 7. In 8. nach

**C 15** 1. Welche 2. Woher 3. Was 4. Wie 5. Wo 6. Wo

**3 Unterwegs in München**

**A 3** 1. Haben Sie einen Computer? 2. Braucht ihr ein Radio? 3. Möchtest du ein Fahrrad? 4. Habt ihr ein Auto? 5. Möchten Sie eine Tasse Kaffee? 6. Brauchst du einen Stuhl? 7. Haben Sie ein Saxofon? 8. Möchten Sie eine Zeitung? 9. Brauchen Sie einen Schreibtisch? 10. Hast du eine Kreditkarte? 11. Möchten Sie ein Doppelzimmer?

**A 6** 1. Der Preis ist mit Frühstück. 2. Das Hotel Krone hat zwei Sterne. 3. Das Hotel Central hat eine Tiefgarage. 4. Die Zimmer im Hotel Krone haben eine Dusche, einen Haartrockner, einen Fernseher, ein Radio, WLAN und einen Schreibtisch. 5. Die Adresse vom Hotel Krone ist: Goethestraße 9, München. 6. Das Hotel Central hat 56 Zimmer. 7. Ja, im Hotel Am Park gibt es ein Fitnesscenter. 8. Ein Dreibettzimmer in Hotel Krone kostet zwischen 86 und 220 Euro. 9. Ja, das Hotel Krone liegt im Zentrum von München. 10. Ein Einzelzimmer im Hotel Am Park kostet zwischen 255 und 325 Euro. 11. Nein, im Hotel Krone gibt es keine Tiefgarage. 12. Das Hotel Am Park hat vier Sterne. 13. Ja, man kann im Hotel Am Park etwas essen. Das Hotel hat ein Restaurant.

**A 8** Haben – haben – bleiben – kostet – ist – ist – Hat – haben – nehme – zahlen

**A 9** der/ein: der Preis, der Fernseher, der Parkplatz, der Haupt-bahnhof, der Haartrockner, der Zimmersafe, der Hosenbügler, der Balkon, der Zimmerschlüssel
die/eine: die Tiefgarage, die Minibar, die Adresse, die Dusche, die Kreditkarte
das/ein: das Zimmer, das Hotel, das Restaurant, das Fitness-center, das Bad, das Frühstück, das Stadtzentrum, das Bett, das Internet/WLAN, das Radio

**A 14** kennen – können – zwölf – lesen – öffnen – senden – elf

**A 15** 1. duschen 2. sehen 3. öffnen 4. schlafen 5. sitzen 6. arbeiten 7. telefonieren 8. senden 9. lesen 10. parken

**A 16** 1. die schöne Uhr 2. das alte Auto 3. die teure Kaffeemaschine 4. das neue iPad 5. die moderne Lampe 6. der alte Computer 7. der bequeme Stuhl

**A 17** 1. einen großen Schreibtisch 2. ein altes Auto 3. eine teure Uhr 4. einen bequemen Sessel 5. ein kaltes Bier 6. ein großes Doppelzimmer 7. ein weiches Bett 8. einen guten Drucker 9. ein französisches Spezialitätenrestaurant 10. ein interes-santes Buch

**A 18** b) 1. das Hotel 2. das Restaurant 3. der Parkplatz 4. das Kino 5. die Universität 6. das Museum 7. die Apotheke 8. die Oper/das Theater 9. das Café 10. die Bank 11. die Post 12. der Supermarkt 13. das Rathaus 14. der Bahnhof

**A 19** Bücher – vier – Tür – Zimmer – Glück – fünf – spielen

**A 21** **Hörtexte:**
**Die Pinakothek der Moderne**
Pinakothek: Pinakothek der Moderne, guten Tag.
Besucher: Ja, guten Tag. Ich habe eine Frage. Wann hat das Museum geöffnet?
Pinakothek: Von 10.00 bis 18.00 Uhr, am Donnerstag bis 20.00 Uhr.
Besucher: Also von 10.00 bis 18.00 Uhr und donnerstags von 10.00 bis 20.00 Uhr?
Pinakothek: Ja, am Donnerstag bis 20.00 Uhr, am Montag haben wir geschlossen.
Besucher: Und wie viel kostet eine Eintrittskarte?
Pinakothek: Die Tageskarte kostet 12 Euro, eine Schüler- und Studentenkarte 8,80 Euro, am Sonntag kostet die Karte nur einen Euro.
Besucher: Danke schön. Auf Wiederhören.

**Das BMW Museum**
Museum: BMW Museum, grüß Gott.
Besucherin: Ja, grüß Gott. Ich habe eine Frage. Wann hat das Museum geöffnet?
Museum: Wir haben Dienstag bis Sonntag von 10.00 bis 18.00 Uhr geöffnet.
Besucherin: Und am Montag haben Sie geschlossen?
Museum: Ja, am Montag ist Ruhetag.
Besucherin: Und wie viel kostet eine Eintrittskarte?
Museum: Der Eintritt kostet 10 Euro, für Studenten und Schüler kostet die Karte 7 Euro.
Besucherin: Und wo genau ist das BMW Museum?
Museum: Am Olympiapark 2.
Besucherin: Danke sehr, auf Wiederhören.

**Lösungen:**
**Die Pinakothek der Moderne:** Öffnungszeiten: Von Dienstag bis Sonntag von 10.00 bis 18.00 Uhr, Donnerstag von 10.00 bis 20.00 Uhr, Montag geschlossen; Eintrittspreise: Tageskarte 12 Euro, Schüler- und Studentenkarte 8,80 Euro

**Das BMW Museum:** Adresse: Am Olympiapark 2, Öffnungs-zeiten: von Dienstag bis Sonntag von 10.00 bis 18.00 Uhr, Montag Ruhetag; Eintrittspreise: Tageskarte 10 Euro, Schüler und Studenten 7 Euro

**A 22** mittwochs, donnerstags, freitags, samstags, sonntags

**A 23** Das Deutsche Museum hat täglich von 9.00 bis 17.00 Uhr geöffnet. Die Pinakothek der Moderne hat von Dienstag bis Sonntag von 10.00 bis 18.00 Uhr und donnerstags von 10.00 bis 20.00 Uhr geöffnet. Das BMW Museum hat von Dienstag bis Sonntag von 10.00 bis 18.00 Uhr geöffnet.

Der Englische Garten hat immer geöffnet. Das Deutsche Museum öffnet um 9.00 Uhr und schließt um 17.00 Uhr. Die Pinakothek der Moderne öffnet von Dienstag bis Sonntag um 10.00 Uhr. Sie schließt am Dienstag, Mittwoch, Freitag, Samstag und Sonntag um 18.00 Uhr und donnerstags um 20.00 Uhr. Das BMW Museum öffnet von Dienstag bis Sonntag um 10.00 Uhr und schließt um 18.00 Uhr. Eine Tageskarte für das BMW Museum kostet 10 Euro. Schüler und Studenten zahlen 7 Euro. Eine Tageskarte für das Deutsche Museum kostet 14 Euro. Eine Studentenkarte kostet 4,50 Euro und eine Familienkarte kostet 29 Euro. Eine Tageskarte für die Pinakothek der Moderne kostet 12 Euro und eine Studenten-karte kostet 8,80 Euro. Der Eintritt für den Englischen Garten kostet nichts. Er ist frei.

**A 24** 1. Das Deutsche Museum zeigt viele technische Erfindungen. 2. Die Pinakothek der Moderne hat bedeutende Kunstwerke von Pablo Picasso. 3. Im BMW Museum kann man 125 beson-dere Autos und Motorräder sehen. 4. Der Englische Garten bietet viele Freizeitmöglichkeiten.

**B 1** 1. Berlin 2. München 3. Hamburg 4. Frankfurt/M. 5. Köln

**B 3** Hamburg liegt im Norden, München liegt im Süden, Köln liegt im Westen, Dresden liegt im Osten, Hannover liegt im Norden, Leipzig liegt im Osten, Düsseldorf liegt im Westen, Frankfurt am Main liegt in der Mitte, Frankfurt an der Oder liegt im Osten von Deutschland

**B 5** 1,56 Millionen Einwohner; **Alte Pinakothek:** Die Sammlung umfasst 9 000 Bilder; **Pinakothek der Moderne:** Sie ist ein international bedeutendes Museum; **Hofbräuhaus:** Es ist 400 Jahre alt; **zwei Universitäten:** die Ludwig-Maximilians-Uni-versität mit 51000 Studenten und die Technische Universität; **große Firmen:** Siemens – Hersteller von Haushaltsgeräten, Medizintechnik und mehr; BMW – Hersteller von Autos; MAN – Hersteller von Lastkraftwagen; Rodenstock – Hersteller von Brillen

**C 1** 1. ein dänischer Physiker 2. eine amerikanische Computer-firma 3. ein französisches Auto 4. ein griechischer Philosoph 5. ein italienisches Kunstwerk 6. ein russisches Museum

**C 2** 1. einen – Nein, wir brauchen keinen Schreibtisch. 2. ein – Nein, ich brauche/wir brauchen kein Radio. 3. eine – Nein, ich brauche keine Lampe. 4. einen – Nein, sie braucht keinen Stift. 5. eine – Nein, er braucht keine Brille. 6. einen – Nein, ich brauche keinen Drucker. 7. eine – Nein, ich brauche/wir brauchen keine Zeitung. 8. einen – Nein, er braucht keinen Schlüssel. 9. ein – Nein, wir brauchen kein Regal. 10. ein – Nein, ich brauche kein Handy. 11. eine – Nein, ich brauche keine Kaffeemaschine. 12. ein – Nein, wir brauchen/ihr braucht kein Auto. 13. einen – Nein, er braucht keinen Terminkalender.

**C 3** 1. ein kleines Radio 2. einen modernen Computer 3. eine alte Zeitung 4. ein großes Büro 5. einen praktischen Computer-tisch 6. einen preiswerten Laptop 7. einen neuen Stift 8. ein leeres Bücherregal

**C 4** 1. Haben Sie ein weiches Bett? Nein, ich habe kein weiches Bett. Ich habe ein hartes. 2. Hast du eine volle Minibar? Nein, ich habe keine volle Minibar. Ich habe eine leere. 3. Haben Sie ein großes Bad? Nein, ich habe kein großes Bad. Ich habe ein kleines. 4. Hast du ein interessantes Buch? Nein, ich habe kein interessantes Buch. Ich habe ein langweiliges. 5. Haben Sie einen bequemen Stuhl? Nein, ich habe keinen bequemen Stuhl. Ich habe einen unbequemen. 6. Hast du ein schnelles Auto? Nein, ich habe kein schnelles Auto. Ich habe ein lang-sames. 7. Haben Sie eine moderne Lampe? Nein, ich habe keine moderne Lampe. Ich habe eine unmoderne. 8. Hast du ein schönes Zimmer? Nein, ich habe kein schönes Zimmer. Ich habe ein hässliches.

**C 5** 1. den – Ich finde den Sprachkurs interessant. 2. das – Ich finde das Zimmer zu klein. 3. das – Ich finde das Hotel un-modern. 4. das – Ich finde das Restaurant zu dunkel. 5. das – Ich finde das Museum sehr modern. 6. das – Ich finde das Frühstück sehr gut.

**C 6** 1. den neuen Roman 2. einen Kaffee 3. einen bequemen Stuhl 4. ein neues Handy 5. die Süddeutsche Zeitung 6. ein uninteressantes Buch 7. einen modernen Fernseher 8. eine sehr wichtige E-Mail 9. das Deutsche Museum, ein interessantes Museum 10. Die neue Dusche 11. Die Bibliothek, neue Bücher 12. Meine Freundin, kein Fahrrad

**C 7** 1. die Zimmernummer 2. der Schlüssel – der Zimmerschlüssel 3. das Restaurant – das Hotelrestaurant 4. die Karte – die Kreditkarte 5. der Garten – der Biergarten 6. das Instrument – das Musikinstrument 7. der Roboter – der Industrieroboter 8. die Rezeption – die Hotelrezeption 9. das Zentrum – das Stadtzentrum 10. das Museum – das Industriemuseum 11. der Kalender – der Terminkalender

**C 8** 1. haben 2. hat 3. haben 4. Habt 5. haben 6. Haben 7. Hast 8. hast

**C 9** **haben:** ich habe – du hast – er/sie/es/man hat – wir haben – ihr habt – sie/Sie haben
**brauchen:** ich brauche – du brauchst – er/sie/es/man braucht – wir brauchen – ihr braucht – sie/Sie brauchen
**besuchen:** ich besuche – du besuchst – er/sie/es/man besucht – wir besuchen – ihr besucht – sie/Sie besuchen
**bezahlen:** ich bezahle – du bezahlst – er/sie/es/man bezahlt – wir bezahlen – ihr bezahlt – sie/Sie bezahlen
**geben:** ich gebe – du gibst – er/sie/es/man gibt – wir geben – ihr gebt – sie/Sie geben
**sehen:** ich sehe – du siehst – er/sie/es/man sieht – wir sehen – ihr seht – sie/Sie sehen

**C 10** 1. Akkusativ 2. Nominativ 3. Akkusativ 4. Akkusativ 5. Nominativ 6. Akkusativ 7. Akkusativ 8. Akkusativ 9. Nominativ 10. Akkusativ

**C 11** 1. Die Cafeteria kann man nicht trinken. 2. Einen Fernseher kann man nicht lesen. 3. Einen Deutschkurs kann man nicht schreiben. 4. Eine Dusche kann man nicht machen. 5. Informatiker kann man nicht studieren. 6. Das BMW Museum kann man nicht bezahlen.

**C 12** bekommen – Informationen, studieren – Informatik, bezahlen – eine Eintrittskarte, trinken – einen Kaffee, lesen – die Zeitung, besuchen – ein Museum, hören – ein Konzert, machen – einen Sprachkurs, haben – Glück, sprechen – Deutsch

**C 13** **studieren:** Ich studiere – Ihr studiert – Lena und Steffi studieren; **können:** Mein Bruder kann – Frau Krause kann – Wir können; **sprechen:** Du sprichst – Karin spricht – Sie sprechen; **sehen:** Ich sehe – Wir sehen – Sie sehen; **lesen:** Peter und Paul lesen – Meine Schwester liest – Ich lese; **trinken:** Wir trinken – Ihr trinkt – Martin trinkt

**C 14** 1. Das Museum zeigt viele Kunstwerke. 2. Wann öffnet das BMW Museum? 3. Wir machen heute einen Spaziergang. 4. Das Hotel liegt im Zentrum. 5. Hast du noch etwas Zeit? 6. Otto bewundert die Erfindungen im Deutschen Museum./ Otto bewundert im Deutschen Museum die Erfindungen.

**C 15** a) 1. besucht 2. Studiert 3. finde 4. parken 5. Möchtet 6. Siehst 7. mache 8. Liest
b) 1. habe/brauche 2. Hörst 3. kennen 4. öffnen 5. Suchst 6. trinkt 7. habe 8. gibt 9. Bezahlst 10. Hast/Brauchst

**C 16** 1. Möchtest du noch eine Tasse Kaffee? 2. Möchtet ihr heute das BMW Museum besuchen? 3. Möchten Sie am Wochenende nach München fahren? 4. Möchtest du einen neuen Laptop? 5. Möchtest du jetzt klassische Musik hören?

**C 18** 1. um 2. bis 3. von, bis 4. am 5. von, bis 6. Am 7. um

**C 19** 1. nach 2. im 3. vom 4. Im 5. mit/ohne 6. im 7. im 8. nach

**C 20** der Montag – der Dienstag – der Mittwoch – der Donnerstag – der Freitag – der Samstag – der Sonntag
der Morgen – der Vormittag – der Mittag – der Nachmittag – der Abend – die Nacht
vorgestern – gestern – heute – morgen – übermorgen

**4** **Essen und Trinken**

**A 3** **Hörtexte:**
a) **Ich nehme:** ein Glas Orangensaft, eine Tasse Kaffee, zwei Scheiben Toastbrot, zwei Rühreier, Butter, Honig und Joghurt mit Früchten.
b) **Ich möchte bitte:** zwei Brötchen, Butter und Marmelade, ein gekochtes Ei, zwei Scheiben Lachs, ein Glas Orangensaft und eine Tasse Tee.
c) **Ich hätte gern:** zwei Scheiben Vollkornbrot, etwas Frischkäse, eine Banane, einen Apfel und eine Tasse Kräutertee.

**A 6** a) 1. Im Hotel essen deutsche Gäste gern ein englisches oder amerikanisches Frühstück. 2. Auch in teuren Hotels gibt es manchmal kalte Eier und altes Brot. 3. In Deutschland isst man zum Frühstück gern Brötchen, Butter und Marmelade.
b) kommt – essen – kostet – gibt

**A 8** 1. hartes, altes, weiches, frisches Brot 2. alter, frischer, harter, weicher Käse 3. kalter, heißer, frischer Kaffee 4. süßer, frischer, saurer Joghurt 5. frisches, scharfes, rohes Fleisch 6. gekochter, salziger, roher Schinken 7. kalte, harte, weiche, frische, gekochte Eier 8. süße Pflaumen 9. kalter, süßer, frischer, saurer Orangensaft 10. kalte, heiße, frische, warme Milch

**A 10** 2. die Serviette 3. die Gabel 4. der Kaffeelöffel 5. der Suppenteller 6. der Pfeffer 7. das Salz 8. das Weinglas 9. der Löffel 10. der Teller 11. das Wasserglas 12. das Messer 13. die Pfanne 14. die Schüssel 15. die Espressotassen 16. der Topf 17. das Kochbuch 18. das Küchenmesser 19. das Wischtuch

**A 11** **Gruppe 1:** der Apfel, der Teller, das Brötchen – Pluralendung: ---
**Gruppe 2:** das Telefon, der Tisch – Pluralendung: -e
**Gruppe 3:** das Büro, das Hobby – Pluralendung: -s
**Gruppe 4:** das Haus, der Mann, das Ei – Pluralendung: -er
**Gruppe 5:** die Tasse, die Gabel, die Schüssel, die Serviette, die Birne, die Banane – Pluralendung: -n

**A 12** BioBio Joghurt: **Milchprodukte**, Junge Erbsen: **Obst und Gemüse**, Französisches Weißbrot: **Backwaren**, Eszet Vollmilch: **Süßigkeiten**, Schwarzwälder Schinken: **Fleisch- und Wurstwaren**, Apfelsaft: **Getränke**

**A 13** a) 1. ein Becher Quark 2. ein Stück Landbutter 3. eine Flasche Bier 4. eine Dose Ananasscheiben 5. eine Packung Ungarische Salami 6. eine Tüte Gummibärchen
b) **-saft:** Apfelsaft, Traubensaft, Tomatensaft, Orangensaft; **-torte:** Obsttorte, Sahnetorte, Apfeltorte; **-salat:** Kartoffelsalat, Tomatensalat, Obstsalat; **-flasche:** Bierflasche, Weinflasche, Milchflasche; **-marmelade:** Orangenmarmelade; **-glas:** Bierglas, Weinglas, Milchglas

**A 15** **Hörtext:**
Kundin:    Guten Tag.
Verkäufer:  Guten Tag. Sie wünschen?
Kundin:    Ich möchte bitte zwei Kilo Kartoffeln.
Verkäufer:  Neue Kartoffeln?
Kundin:    Ja, bitte.
Verkäufer:  Sonst noch etwas?
Kundin:    Ja, drei Bananen, ein Kilo Äpfel und drei Orangen.
Verkäufer:  Ist das alles?
Kundin:    Ein Kilogramm Tomaten noch, bitte. Woher kommen die Tomaten? Aus Holland?
Verkäufer:  Das hier sind spanische Tomaten. Und das hier sind holländische Tomaten.
Kundin:    Ich nehme die spanischen Tomaten.
Verkäufer:  Wir haben noch süße Mangos. Die schmecken sehr gut!
Kundin:    Oh ja, da nehme ich noch zwei für meinen Obstsalat. Und das ist alles.
Verkäufer:  Dann bekomme ich 15 Euro 60. Haben Sie das Geld passend?
Kundin:    Ja. Danke schön.
Verkäufer:  Danke auch. Auf Wiedersehen.

**Lösungen:** zwei Kilo Kartoffeln, drei Bananen, ein Kilo Äpfel, drei Orangen, ein Kilo Tomaten, zwei süße Mangos; 15,60 Euro

**A 18** 1. Äpfel 2. Bananen 3. Orangen 4. Weintrauben 5. Melonen 6. Erdbeeren 7. Nektarinen 8. Zitronen 9. Ananas 10. Kiwis

**A 20** Schälen – Schneiden – Geben

**A 24** a) **zum Frühstück:** Brötchen oder Brot mit Marmelade oder Käse; **zum Mittagessen:** Fleisch, Gemüse und Kartoffeln, Nudelgerichte; **zum Abendbrot:** eine Scheibe Brot mit Käse oder Wurst oder Fisch, Fleisch, Spaghetti, Pizza, Hamburger
b) Als Getränke sind Kaffee, Bier und Wein und Mineralwasser sehr beliebt.

**A 29** 1. falsch 2. richtig 3. falsch 4. falsch 5. richtig 6. richtig 7. falsch

**B 1** 1. C: aus Südamerika 2. B: Gans 3. A: in Venedig 4. C: 1904 (verkaufte man den ersten Hamburger in St. Louis) 5. A: in Frankreich 6. B: Safran

**B 3** (1c) Die Kartoffel kam im 16. Jahrhundert aus Südamerika. (2a) Ab dem 17. Jahrhundert war die Kartoffel das Hauptnahrungsmittel von armen Leuten. (3e) Das Bild „Die Kartoffelesser" von Vincent van Gogh ist weltbekannt. (4f) Heute isst man Kartoffeln auf verschiedene Weise. (5d) In Deutschland sind Salzkartoffeln sehr beliebt. (6b) Pommes frites haben einen Nachteil: Sie enthalten sehr viel Fett.

**C 1** **Ich mag:** weiche Brötchen, scharfe Salami, süßen Orangensaft, gekochte Eier, frisches Brot, italienischen Rotwein, heißen Kaffee

**C 2** a) 1. großen 2. schnelles 3. neuen 4. frisches 5. bittere 6. heißen 7. saure 8. hässlichen/teuren 9. rohen 10. hässliche/teure/neue
b) guten – frisches – ausgezeichnetes – rohen – gekochten – roher

**C 3** 1. Weingläser 2. Zwiebeln 3. Küchenmesser 4. Kilo, Pfund 5. Teller 6. Äpfel, Bananen, Orangen 7. Tassen 8. Scheiben 9. Schüsseln 10. Eier

**C 4** 1. der Einwohner 2. die Universität 3. die Hochschule 4. der Tisch 5. das Telefon 6. der Computer 7. das Auto 8. der Film 9. das Jahr 10. das Theater 11. das Museum 12. das Bild 13. das Kunstwerk 14. die Erfindung 15. die Stadt

**C 5** 1. Oma mag, Unsere Freunde mögen, Wir mögen 2. Ich mag, Paul mag, Wir mögen 3. Herr Krüger mag, Fritz und Georg mögen, Ich mag 4. Magst du, Mögt ihr, Mögen Sie

**C 6** 1. Mögen 2. Kannst 3. möchte 4. Möchtest/Magst 5. kann 6. möchte 7. Könnt 8. kann 9. möchten

**C 7** **kochen:** ich koche – du kochst – er/sie/es/man kocht – wir kochen – ihr kocht – sie/Sie kochen

**kaufen:** ich kaufe – du kaufst – er/sie/es/man kauft – wir kaufen – ihr kauft – sie/Sie kaufen
**trinken:** ich trinke – du trinkst – er/sie/es/man trinkt – wir trinken – ihr trinkt – sie/Sie trinken
**essen:** ich esse – du isst – er/sie/es/man isst – wir essen – ihr esst – sie/Sie essen
**nehmen:** ich nehme – du nimmst – er/sie/es/man nimmt – wir nehmen – ihr nehmt – sie/Sie nehmen
**braten:** ich brate – du brätst – er/sie/es/man brät – wir braten – ihr bratet – sie/Sie braten

**C 8** Liebe Beate, viele Grüße aus Berlin! Ich <u>wohne</u> bei Familie Müller. Herr Müller <u>arbeitet</u> als Physiker bei Siemens und Frau Müller <u>ist</u> Lehrerin. Sie <u>haben</u> zwei Kinder, Marie ist 13 Jahre alt und Gustav ist 16. Mit dem Essen <u>habe</u> ich ein paar Probleme. Zum Frühstück <u>gibt</u> es nur Brötchen mit Butter, Marmelade, Honig oder Käse. Ich <u>möchte</u> aber viel lieber Rühreier zum Frühstück! Mittags <u>isst</u> man in Deutschland warm. Das <u>finde</u> ich seltsam. Ich <u>esse</u> jetzt mittags Wiener Schnitzel oder Spaghetti. Abends <u>gehe</u> ich oft in ein kleines Restaurant. Dort <u>kann</u> man gut und billig essen. Morgen früh <u>spiele</u> ich mit Marie und Gustav Tennis und nachmittags <u>besuchen</u> wir das Pergamon-Museum. Bis bald! Dein Paolo

**C 10** 1. Waschen Sie das Obst. 2. Schälen Sie die Orangen. 3. Kaufen Sie Bioprodukte. 4. Schneiden Sie die Tomaten in kleine Stücke. 5. Essen Sie täglich Vollkornbrot. 6. Trinken Sie viel Milch. 7. Würzen Sie die Suppe mit Salz. 8. Öffnen Sie das Fenster.

**C 11** 1. Mein Bruder hatte, Unsere Freunde hatten, Wir hatten 2. Wir hatten, Ich hatte, Du hattest 3. warst du, war Frau Krause, waren die Studenten 4. Wart ihr, Waren Sie, War Otto

**C 12** 1. Wart 2. hatte 3. warst 4. Hattet 5. hatte 6. Waren 7. hatte 8. war 9. hatte 10. hatten

**C 13** 1. Ja, ich finde sie nett. 2. Ja, ich esse ihn. 3. Ja, ich finde es interessant. 4. Ja, ich trinke ihn noch. 5. Ja, ich kann ihn hören. 6. Ja, ich brauche sie noch. 7. Ja, ich lese sie. 8. Ja, wir nehmen es. 9. Ja, ich finde ihn lecker. 10. Ja, sie schmecken gut. 11. Ja, ich mag ihn. 12. Ja, ich esse sie noch. 13. Ja, ich trinke ihn mit Zucker. 14. Ja, ich sehe es. 15. Ja, ich kenne sie. 16. Ja, ich höre sie. 17. Ja, ich kaufe ihn.

**C 14** 1. mich 2. mich 3. Ich 4. mich 5. ich 6. mich 7. mich 8. mich 9. mich 10. mich 11. Ich

**Textquellen:**
S. 21, B1   Inf. aus: Datenreport der Deutschen Stiftung Weltbevölkerung (DSW)2018 [https://www.dsw.org]; Die zehn Länder mit der größten Bevölkerung im Jahr 2050 als Prognose. Statista, 21.10.2019 [https://de.statista.com/statistik/daten/studie/455473/umfrage/laender-mit-der-groessten-bevoelkerung-2050/]
S. 47, B1   Inf. aus: Freizeitbeschäftigung der Österreicher: Fernsehen und Mobiltelefonie. derstandart.at, 1.2.2018 [https://www.derstandard.at/story/2000073456111/freizeitbeschaeftigung-der-oesterreicher-fernsehen-und-mobiltelefonie]; Lieblingsaktivitäten der Österreicher 2018, Statista, 5.6.2018 [https://de.statista.com/statistik/daten/studie/862577/umfrage/umfrage-zu-lieblingsaktivitaeten-der-oesterreicher/]; 4,9 Millionen Österreicher spielen Computerspiele. futurezone.at, 11.10.2017 [https://futurezone.at/games/4-9-millionen-oesterreicher-spielen-computerspiele/291.393.785]

**Bildquellen:**
© stock.adobe.com: Monkey Business (Cover); S. 7 Robert Kneschke (1), georgerudy (2), Halfpoint (3); S. 8 Valerii Honcharuk (1), OceanProd (2), Jacek Chabraszewski (3); S. 14 安琦 王; S. 15 Sergey Furtaev; S. 16 zephyr_p (1); S. 17 Mariakray; S. 18 pololia (1), Kurhan (2), Asier (3), Olga Sapegina (4), sweetlaniko (5), insta_photos (6); S. 20 Viacheslav Iakobchuk; S. 21 Aleksandra (1); S. 23 christianchan; S. 24 eyetronic (3); S. 35 pressmaster (3); S. 36 Fotofreundin; S. 38 sdecoret (10); S. 39 OceanProd; S. 40 hin255; S. 44 OceanProd; S. 47 LIGHTFIELD STUDIOS; S. 50 Andrey Popov; S. 52 bongkarn; S. 57 LightingKreative (1), rh2010 (2), Fabio (3); S. 60 Brian Jackson (1), Song_about_summer (2), worldwide_stock (3); S. 61 r_andrei (1), h368k742 (2), Pixel-Shot (3); S. 63 OceanProd; S. 65 Andrey Popov; S. 68 Odua Images (3); S. 72 dermerkur; S. 78 adzicnatasa; S. 79 Wellnhofer Designs; S. 85 s_l (1), nd3000 (2), mavoimages (3); S. 86 innafoto2017/karandaev (1), Simone (2), Franz Pfluegl (3), Africa Studio/Jiri Hera/exclusive-design (4), Niko (5); S. 87 Corinna Gissemann (1), Wolfgang (2); S. 91 zephyr_p; S. 93 baibaz/Dmytro Smaglov (1), Drobot Dean (2); S. 96 Robert Kneschke; S. 97 Mariyana M/Zerbor (1), Jacek Chabraszewski (2); S. 99 Yeti Studio (2), Tetiana (3); S. 103 sabinaleopa

© shutterstock.com: S. 9 Pyty; S. 58 Monkey Business Images

© pixabay.com: S. 21 nonmisvegliate (2); S. 24 jensjunge (1), Julius_Silver (2); S. 35 Free-Photos (1), donterase (2); S. 62 uwekern; S. 67 designerpoint (2); S. 68 Divily (2); S. 76 stux; S. 92 Daria-Yakovlev

© Wikipedia/Wikimedia: S. 9 Justine Picardie (6); S. 67 Julian Herzog (1); S. 68 Guido Wörlein (1); S. 73 Diego Delso; S. 99 (1)

© D. Liebers: S. 38 (1, 2, 3, 4, 5, 6, 7, 8, 9); S. 90

**Zeichnungen:** Jean-Marc Deltorn